古代歷史文化研究輯刊

九 編

王 明 蓀 主編

第 18 冊

張居正整飭武備的基本思想

郭 敬 仁 著

國家圖書館出版品預行編目資料

張居正整飭武備的基本思想／郭敬仁 著 -- 初版 -- 新北市：
花木蘭文化出版社，2013〔民102〕
目 2+168 面：19×26 公分
（古代歷史文化研究輯刊 九編；第 18 冊）
ISBN：978-986-322-199-9（精裝）
1.（明）張居正 2.用兵思想
618　　　　　　　　　　　　　　　　　　102002678

ISBN-978-986-322-199-9

古代歷史文化研究輯刊
九　編　第十八冊　　　　　　　ISBN：978-986-322-199-9

張居正整飭武備的基本思想

作　　者　郭敬仁
主　　編　王明蓀
總 編 輯　杜潔祥
出　　版　花木蘭文化出版社
發 行 所　花木蘭文化出版社
發 行 人　高小娟
聯絡地址　235 新北市中和區中安街七二號十三樓
　　　　　電話：02-2923-1455／傳眞：02-2923-1452
網　　址　http://www.huamulan.tw 信箱 sut81518@gmail.com
印　　刷　普羅文化出版廣告事業
初　　版　2013 年 3 月
定　　價　九編 27 冊（精裝）新台幣 45,000 元

張居正整飭武備的基本思想

郭敬仁　著

作者簡介

郭敬仁，華梵大學東方人文思想研究文學碩士，1951 年生，籍台灣省基隆市八斗子。1980 年司法行政部乙等調查人員特種考試及格。先後任職於台灣省稅務局、糧食局、交通部、高速鐵路工程局、電信總局、台南縣政府、僑務委員會等機關人事查核、政風單位。早歲攻讀公共行政學門於國立中興大學台北法商學院。其後，親炙何廣棪教授問學多年，受益甚深。2007 年 3 月退休後，晏居新店寂山，讀書自娛。

提　　要

　　張居正，明隆慶、萬曆初期在閣，參與中樞十六年、其間主政十年。隆慶二年，在盱衡「朝廷之間議論太多，事無統紀」、「上下務為姑息，悉從委徇」、「詔旨廢格不行，視為故紙」、「用人揀擇不精，名實不核」、「邊費重大，內帑空乏」、「虜患日深，邊事久廢」之國家危機中，上〈陳六事疏〉，建議穆宗省議論、振綱紀、重詔令、核名實、固邦本、飭武備。其後，逐一推行，終成「萬初之治」。歷來有關張居正之人格特質、治國理念、施政風格與籌邊應敵、統馭將吏等相關研究，幾成顯學。時人莫不希冀浸潤、增益而發用于斯，期以裨利時政、安導群生。

　　本文以張氏「整飭武備」的基本思想為研究範圍，擇以《張居正集》為核心文獻，並以《明史》、《明通鑑》、《國榷》、《明實錄類纂》、《大明會典》、《國朝典彙》，及時人所著《張居正傳》等為輔助文獻。經綜納、分析、比對，除探論其思想之濫觴外，計歸結成「激發帝志」、「善用賢能」、「節約裁冗」、「邊用為重」、「修邊設險」、「晏安是求」等數項基礎性思想，用循章節以闡述之。

目

次

第一章　緒　論

第一節　研究動機與研究範圍

　　余于民國七十二年秋，偶讀陳翊林《張居正評傳》，即深爲張居正之心志、治術與功業所震懾。民國七十五年夏，因公受訓於臺灣省政府訓練團，以該團餽書之緣，選讀戚宜君《張居正傳》。對張居正身兼儒家的忠誠、法家的嚴明、兵家的權略與佛家的超脫之道，〔註1〕更爲心儀。民國八十年，讀揚鐸《明張江陵先生居正年譜》，該譜內容與戚著，均大量引述居正的奏疏與書牘等文獻資料。余深以爲迷，迺興一探江陵〔註2〕思想底蘊之念，而默思有否裨益時政之鴻猷。民國八十一年，拜讀熊十力《論張江陵》，對居正學術之宗本，遂有深一步的理解。其後歷十餘載，及受學華梵大學東方人文思想研究所，即思以張居正思想爲碩士論文之研究主題，用以一償探究其思想底蘊之夙願。

　　張居正的思想體系，就涉獵所及，有治術、論政、吏治、兵略、將將等諸方面，其內容分散在他的文集與專著中，範圍頗廣。爲求深入研究，委實有逐題進行研讀的必要。本論文題目初爲〈張居正邊略思想之研究〉，後以「邊略」範圍過於廣闊，迺更爲〈張居正整飭武備的思想研究〉。未幾，復覺「武備思想」亦非盡妥，恐於論項未能賅備。因再更爲〈張居正整飭武備的基本思想〉而確定之。

〔註1〕　戚宜君《張居正傳》（臺灣：臺灣省訓練團 1986 年 11 月），頁 3。
〔註2〕　張廷玉等《明史》卷 213、列傳 101，（北京：中華書局 1974 年 4 月初版），
　　　　頁 5643：「張居正，字叔大，江陵人」，後世乃有稱之「張江陵」者。

第二節 研究方法與取向

一、研究方法

　　基本上，本文的研究方法，在性質上，應屬「事後回溯研究法」。〔註3〕張居正（1525～1582）距今四百二十多年，要探索他的思想，在方法上，既無法用「實驗方式」來處理，更無可能運用「社會調查法」予以進行。所能做的，便是從既存有關他的記述、著作、歷史背景等文獻資料，與後人對他的研究成果中，去分析、探尋。

　　因此一開始，即進行蒐尋與本論題有關之文獻與時著，並將之區分為「核心文獻」如張舜徽等主編之《張居正集》，與「周邊文獻」如張廷玉等《明史》、夏燮《明通鑑》、談遷《國榷》、朱東潤《張居正大傳》等兩大類。前者文獻以眉批、精讀為主，費時約有一年；並耗時近月，依類摘錄相關眉批條文於論文提綱各章節之中，以備論述。至於「周邊文獻」資料，則隨述隨引之。

　　在撰述過程中，有因「核心文獻」資料不足，而以「周邊文獻」資料來反推或呈現「論主」之想法者，其概如次節〈文獻探討與引用〉所述；有因數據籠統、不能明確量化者，則以保守的「約數」處理之，如本文第五章「註16」條：「嘉靖21年：城堡175，關塞212，墩台170，墩空數百≒1000處；則18,758／1,000≒18」者是。再有因文獻本身錯誤，經為校勘注示者，余為論述之便，乃逕為捨誤就正者，如本文第三章「註57」：「《張居正集》第二冊，頁21，題銜〈答司馬楊二山〉誤」，余於本文頁58，逕改正為〈答巡撫楊二山〉；同章「註58」：「《張居正集》第二冊，頁105。題銜〈答兩廣總督熊近湖〉誤」，亦逕改為〈答廣東巡撫熊近湖〉。此等困擾現象，誠係「事後回溯研究法」的本質缺憾所致，只好「小心謹慎、避免作不當的因果推論」。〔註4〕

　　在此「事後回溯研究法」的基礎上，本文引用一些史料，來呈現張居正所處的時代背景，包括從北疆的兵禍連連、邊民的流離慘烈，到俺答的款順、邊境的大體晏安等；並以歸納、統計、分析的方法，來探討張居正裁汰冗濫、

〔註3〕黃光國〈事後回溯研究〉，收於楊國樞、吳聰賢、李亦園編《社會及行為科學研究法》（臺北：臺灣東華書局1989年10月13版、1995年3月5刷），頁259～275。

〔註4〕同註3，頁275。

節約用邊的具體成就；尤其是，一本「文獻研究法」的微觀主義，透過對江陵奏疏、文牘的理解，得以一探他經國的義理世界，從而再歎「世間已無張居正」。〔註5〕

二、研究取向

本論文研究主題的範圍，既設定於「張居正整飭武備的基本思想」，並以前揭各項研究方法，對該主題進行全貌性的初步瞭解後，其所形成的幾個研究取向，經構爲章節，依序論之。其第二章，除簡述張居正世系、生平外，並闡發嘉靖一朝，嚴重的邊患與政治的腐敗，對居正武備思想所造成的影響；第三章，闡述其「激發帝志」，與探索「人樂爲之盡」的將將之道；第四章，探討張居正「節財用邊」的思想，與貫徹、力行的富國、強兵效果。第五章，歸納、整理、描述其修舉邊政的具體事功，與知夷制夷之道。第六章，總結張居正整飭武備思想體系的特性與總目標。

以上所列研究取向，僅爲整飭武備基本思想之部分。至如邊防戰略與外交謀略等範疇，囿于期程，另爲擇時闡述。

第三節　文獻探討與引用

歷來研究張居正的文獻，多以張居正之全集爲主，其刊行沿革，余引陳翊林《張居正評傳》及張舜徽等主編之《張居正集》等相關資料，綜述如次：

萬曆四十年（居正亡後三十年），居正次子張嗣修編次刊行，定名《文忠公張太岳先生文集》，凡爲詩六卷、爲文十四卷、爲書牘十五卷、爲奏對十一卷，合計四十六卷。

清代，依初刊明本列入《四庫全書》。

清江陵人鄧氏，翻刊明本，增列居正長子張敬修所撰〈太師張文忠公行實〉一卷，共四十七卷。

道光八年，安化之江蘇巡撫陶澍，將明初刊本〈原序〉另爲一卷，合〈行實〉共四十八卷，在南京重刻，卷首冠有陶澍、陳巒所作兩序。

光緒二十七年，田楨等依明初本、鄧本、陶本重刻，而編次改變，首奏疏、次書牘、次文傳、次詩集、次女誡直解，最後將〈行實〉、前刊各本序例，

〔註5〕黃仁宇《萬曆十五年》（臺北：食貨出版社 1988 年 10 月 6 版），頁82。

與有關居正的記述、評論合爲附錄兩卷，共四十八卷，並易名《張文忠公全集》，簡稱田刻本。其後，《國學基本叢書》、《萬有文庫》、國民黨軍事委員會，均根據此版再爲刊行。

民國七十三年（1987），大陸張舜徽、吳量愷、崔曙庭、李國祥等，亦以田刻本爲底本，並參考明刻本、鄧刻本、陶刻本及相關史書、經書、文集、方志等資料，與近世、當代的研究成果，進行刪整、校注，並更名爲《張居正集》，共四冊，是一部極具參考性的文集。本文即以該編印本之奏對、書牘爲核心文獻，進行相關的探討與論述。

其與本文章節有關的周邊文獻，述之如次：

〈家世與生平〉

參引朱東潤《張居正大傳》、陳翊林《張居正評傳》、揚鐸《明張江陵先生居正年譜》、崔曙庭《張居正大事年表》、張廷玉《明史》等資料，進行論述並編製世系、年表。基本上，朱著、陳著以及前揭戚著、熊著之張居正等傳，多屬通論，即使在論及思想、政策等層面上，其性質亦然。誠有進一步探究其「所以然之」的必要，這也即是本文得以發揮的所在之處。

〈虜患與武備思想的展現〉

余以夏燮《新校明通鑑》內容簡要、明析頗利覽閱，迺摘整嘉靖、隆慶二朝韃靼寇邊、求貢等各條，編製〈嘉靖隆慶二朝北疆虜犯通貢紀事表〉；另以鄭曉《皇明北虜考》，於北虜內犯的燒殺殘掠，與邊民受害的慘狀有深刻的描述，乃引而用之。

〈激發帝志、善用賢能〉

所引文獻有《明通鑑》、賈虎臣《中國歷代帝王譜系彙編》、《明史》、吳廷燮《明督撫年表》、魏煥《九邊考》等。該相關歷史背景資料，多採自《明通鑑》；惟在述及張居正之功業成就時，則引用向爲人詬病，對張居正的評述，一向「取材既偏、其論亦苛」〔註6〕的明史，以益證其眞；至於《督撫年表》則用于稽對九邊督撫任免，對該等經歷的查考，頗有助益。

〈節約裁冗、邊用爲重〉

參引文獻有《明通鑑》、徐學聚《國朝典彙》、《明史》、談遷《國榷》、李國祥、楊昶《明實錄類纂》〈宮廷史料卷〉、熊十力《論張江陵》、谷應泰

〔註6〕 陳翊林《張居正評傳》（臺北：臺灣中華書局 1979 年 2 月，臺 3 版），頁 178。

《明史紀事本末》、賴建成《邊鎮糧餉》等。其邊餉日增、內帑絀乏等有關史事，多引自《明通鑑》，少數出自《國朝典彙》；在落實節約政策方面，則採用《國榷》資料；裁汰冗濫部分，《明通鑑》與《國榷》資料兩者兼用；邊用爲重一節，其邊防支出等數據，源自《邊鎮糧餉》所載全漢昇、李龍華〈明代中葉後太倉歲出銀兩的研究〉之成果。

〈修築墻堡、察虜安邊〉

計引《明通鑑》、《九邊考》、李東陽撰／申時行修《大明會典》、李國祥／楊昶／吳柏森《明實錄》〈軍事史料卷〉、《論張江陵》、瞿九思《萬曆武功錄》、《明督撫年表》《明通鑑》等。其中《九邊考》，係明兵部主事長沙魏煥，集於嘉靖二十一年。對當時北疆遼東、薊州、宣化、大同、山西、榆林、寧夏、固原、甘肅等九鎮之形勢、鎮戍官軍、馬匹、錢糧、住牧邊虜等，均有詳細記述。余據以編製〈明嘉靖二十一年九邊鎮戍簡表〉一種，以利參考。另據《大明會典》相關資料製成〈明隆慶、萬曆初年九邊鎮戍簡表〉，用與前表比對、論述。以上文獻之取捨，惟依文需與資料之詳富、分明而無矛盾、爭議者爲是，總以能如實闡發張居正之思想底蘊爲原則。

第二章　張居正武備思想的濫觴

第一節　家世與生平

一、世　系

　　有關張居正的世系，有二篇基礎性的的文獻可資參考，一是張居正本人於萬曆五年（1577）因其先嚴張文明之去世所撰的〈先考觀瀾公行略〉；一是他的長子禮部儀制清吏司主事張敬修，於萬曆十年（1582）六月二十日至六月二十八日張居正去世日與還楚卜葬期間所撰表的〈張文忠公行實〉。〈行略〉裡如是載：

> 先君諱文明，字治卿，別號觀瀾；高祖唐，姒沈氏；曾祖旺，姒王氏；祖懷葛公誠，姒聶氏；父東湖公鎮，姒李氏……其先，鳳陽定遠人也。始祖關保，國初以軍功授歸州守禦千户所千户。至懷葛公以別支，徙居郡城……先君生以弘治甲子十二月十五日，卒萬曆丁丑九月十三日，時年七十有四矣。配封一品夫人趙氏。子男四：長即不肖；次居敬，郡庠生，早卒；次居易，荊州右衛指揮僉事、四川都司軍政僉書；次居謙，癸酉（萬曆元年1573）舉人；女一，適郡庠生劉允桂；孫男十人：嗣文，癸酉舉人；嗣修，丁丑一甲第二人，翰林編修；嗣允，郡庠生；嗣哲蔭錦衣衛正千户；嗣弼、嗣瀾、嗣寬、嗣信、嗣敏、嗣惠……。〔註1〕

〔註1〕　張舜徽等編《張居正集》第三冊，（武漢：湖北人民出版社1994年，初版），

〈行實〉則載：

> 先太師，諱居正，字叔大，別號太岳。其先，盧州合肥人也。始祖
> 福，以壯士從高皇帝起濠，渡江，克采石；從大將軍定吳、越、閩、
> 廣，累功，授歸州長寧所世襲千戶。其後四世孫，自稱歸徙家江陵，
> 遂為江陵人。高祖旺，曾祖懷葛公誠，祖東湖公鎮，皆負隱德不仕。
> 至考觀瀾公文明，而經明行修，為時望所屬。然數奇，數上有司不
> 第，遂棄去。……太師先配顧氏，贈一品夫人；繼配王氏封一品夫
> 人。子男六：長敬修，禮部儀制清吏司主事，娶癸卯舉人高公蒿女；
> 次嗣修丁丑進士及第第二人，翰林院編修，娶四川左參將賀公麟見
> 女；次懋修，庚辰進士及第第一人，翰林院修撰，娶江西布政使司
> 左參議高公尚志女；次簡修，錦衣衛指揮同知，娶刑部尚書王公之
> 誥女；次允修府諸生，娶刑部四川清吏司主事李公幼淑女；次靜修，
> 尚幼，聘工部尚書李公幼滋女；女一適刑部左侍郎劉公一儒子，太
> 學生戡之。孫男六：重光，嗣修出；重輝，敬修出；重登、重元，
> 懋修出；重潤、重允，簡修出，皆幼；女三：敬修所出，許聘吏部
> 左侍郎王公篆子；懋修二女未聘，皆幼。〔註2〕

比對這兩篇內容，其始祖：〈行略〉載為張關保，鳳陽定遠人，屬鳳陽府；〈行
實〉則說是張福，盧州合肥人，隸盧州府。民國朱東潤《張居正大傳》〔註3〕、
陳翊林《張居正評傳》〔註4〕、戚宜軍《張居正傳》〔註5〕等均採前說；而揚
鐸《明張江陵先生居正年譜》〔註6〕與崔曙廷〈張居正大事年表〉〔註7〕則採
用後者資料。兩名不同、兩地不同，其因待考。至於張居正子姪輩的名字，
亦有所不同：前者謂張居正的父親張文明有孫男嗣文、嗣修、嗣允、嗣哲、
嗣弼、嗣瀾、嗣寬、嗣信、嗣敏、嗣惠等計十人。觀其名首均為「嗣」字，
應可判為譜名。其中嗣文、嗣修、嗣允、嗣哲等人，據其所示的科名與職守
等資料，依序應即為後者所稱的敬修、嗣修、懋修、簡修等人，亦即是張居

　　　頁629～631。

〔註2〕　《張居正集》第四冊，頁409、437。

〔註3〕　朱東潤：《張居正大傳》（臺北：開明書店1945年12月，1版），頁3。

〔註4〕　陳翊林：《張居正評傳》頁8。

〔註5〕　戚宜軍：《張居正傳》頁8。

〔註6〕　揚鐸：《明張江陵先生居正年譜》（臺北：臺灣商務印書館1980年6月，初版），
　　　頁1。

〔註7〕　《張居正集》第四冊，頁596。

正的前四個兒子；至於其第五子允修、第六子靜修，其譜名爲何？以及嗣弼、
嗣瀾、嗣寬、嗣信、嗣敏、嗣惠等出自何人？亦有待考。茲據〈行略〉、〈行
實〉二篇，編製〈張居正世系簡表〉見（表2-1）。

表2-1 張居正世系簡表

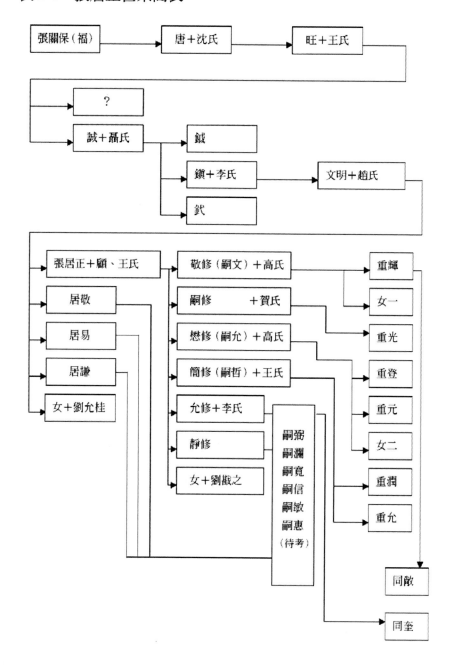

二、生平與事蹟

張居正於明世宗嘉靖四年（1525）五月三日，生于湖廣（今湖北）江陵。生之夜，其曾祖懷葛公夢有月墮水甕中，流光發色化爲白龜，浮水上曳，乃命名「白圭」，以應月精之瑞。二歲能言、能識字，人稱神童；五歲入學、十歲通六經大義，以能屬書擒詞聲傳郡中；十二歲（嘉靖十五年，1536）就試，郡太守李士翱、督學使者田頊，激賞其才，遂補博士弟子；十三歲就省試，湖廣巡撫顧璘欲老其材，以益他日成就，故使不第；十六歲（嘉靖十九年，1540）中式舉人；二十歲，入京會試不第；二十三歲（嘉靖二十六年，1547）再度入京會試，中進士。被選爲庶吉士，讀中秘書；二十五歲（嘉靖二十八年，1549）授翰林院編修，上〈陳時政書〉。時少師徐階，見其沉毅淵重、躬行理道，乃深相期許以藎臣重國；三十歲（嘉靖三十三年，1554）不得志且元配顧氏去逝，上疏請告，回江陵休養、讀書、學農。直到三十六歲（嘉靖三十九年，1560）才定心回京，由翰林院編修陞右春坊右中允，管國子監司業事。兩年後政局大變，嚴嵩被罷，徐階繼爲首輔。於是，張居正在徐階大力引薦拔擢下，出任《永樂大典》重抄分校官、充任《承天大志》副總裁；並陞任右春坊右諭德兼裕王朱載垕日講官、翰林院侍讀學士。尤其是，世宗死後四個月內，張居正快速的，由翰林院侍讀學士晉禮部右侍郎兼翰林院學士，再晉吏部左侍郎兼東閣大學士、入閣，復晉禮部尙書兼武英殿大學士；九個月後，四十四歲（隆慶二年正月）另加官少保兼太子太保。無怪乎明王世貞 [註8] 在〈張居正傳上〉中會歎道：「去學士之五品，僅歲餘而至一品，其登進之速，雖張、桂不能過也。」[註9] 其後，四十六歲晉太子太傅、吏部尙書、少傅、建極殿大學士；四十八歲（隆慶六年六月），神宗以十歲之齡繼穆宗即皇帝位，居正亦繼之高拱爲內閣首輔，至萬曆十年六月二十日去世爲止；逝前當月晉太師。茲再根據張敬修的〈張文忠公行實〉、陳翊林的《張居正評傳》所附年表、崔曙廷的〈張居正大事年表〉，綜製〈張居正年表〉見（表2-2），以收便覽。

〔註8〕 張廷玉等：《明史》卷287、列傳第175、文苑三，頁7380：「張居正枋國，以世貞同年生，有意引之，世貞不甚親附。所部荊州地震，引京房占，謂臣道太盛，坤維不寧，用以諷居正。居正婦弟辱江陵令，世貞論奏不少貸，居正積不能堪。會遷南京大理卿，爲給事中楊節所劾，即取旨罷之。後起應天府尹，復被劾罷。居正歿，起南京刑部右侍郎，辭疾不赴。久之，所善王錫爵秉政，起南京兵部右侍郎。」（北京：中華書局1974年4月初版）。

〔註9〕 《張居正集》第四冊，頁440。

表 2-2　張居正年表

年代（西元）	年齡	事　蹟	國　情	備　註
嘉靖 4 年（1525）	1 歲	五月三日生于湖廣（湖北）江陵，名白圭。	費宏爲首輔。	
嘉靖 5 年（1526）	2 歲	能言。		
嘉靖 6 年（1527）	3 歲	能識字，號爲神童。	王守仁撫降廣西田州蠻。張璁入閣。	李贄生。
嘉靖 7 年（1528）	4 歲			王守仁逝。
嘉靖 8 年（1529）	5 歲	入學授句讀、能記誦。	桂蕚入閣與張璁俱受重用。	
嘉靖 9 年（1530）	6 歲		尊孔子爲「至聖先師」。	
嘉靖 10 年（1531）	7 歲		張璁改名孚敬，以避帝諱。	
嘉靖 11 年（1532）	8 歲		方獻夫入閣（爲大禮議中與張孚敬、桂蕚同派）。	
嘉靖 12 年（1533）	9 歲			
嘉靖 13 年（1534）	10 歲	通六經大義，以屬文而名。		
嘉靖 14 年（1535）	11 歲		首輔張孚敬致仕。費宏復入閣。	申時行生。
嘉靖 15 年（1536）	12 歲	應荊州府試，補博士弟子。知府李士翱改「白圭」爲「居正」。督學使者田頊激賞之。	毀宮中大善殿佛像。道士邵元節任禮部尚書。夏言入閣。	
嘉靖 16 年（1537）	13 歲	至武昌鄉試，湖廣巡撫顧璘欲老其才，故使不第。		
嘉靖 17 年（1538）	14 歲			
嘉靖 18 年（1539）	15 歲		大同五堡成。	
嘉靖 19 年（1540）	16 歲	第二次鄉試中式舉人。往承天府拜謁工部侍郎顧璘，並承受文帶。	秉一眞人陶仲文，任禮部尚書。	

嘉靖20年（1541）	17歲		御史楊爵諫世宗經年不視朝、日事齋醮，獄杖幾死。	
嘉靖21年（1542）	18歲		嚴嵩入閣。宮婢楊金英謀絞世宗未果。	
嘉靖22年（1543）	19歲			
嘉靖23年（1544）	20歲	入京會試，不第。	北虜小王子入犯萬全右衛，京師戒嚴。加封道士陶仲文秩少師。	
嘉靖24年（1545）	21歲			
嘉靖25年（1546）	22歲			
嘉靖26年（1547）	23歲	入京會試，成進士，任庶吉士，讀中秘書。		
嘉靖27年（1548）	24歲		世宗寵信嚴嵩，殺三邊總督曾銑、首輔夏言。	
嘉靖28年（1549）	25歲	授翰林院編修，上「論時政疏」。	張治、李本入閣，不敢預可否，政權操之在嵩。朱紈罷官。國庫空虛，大括逋賦，海內騷怨。	
嘉靖29年（1550）	26歲		俺答入犯，京師戒嚴，史稱「庚戌之變」。	張治卒。
嘉靖30年（1551）	27歲		錦衣衛經曆沈鍊，疏劾嚴嵩十大罪，被謫戍邊。大同、宣府開馬市，兵部主事楊繼盛反對示弱誤國，被貶。	
嘉靖31年（1552）	28歲		仇鸞通敵受賄罪發，追戮其屍，傳首九邊。徐階入閣。罷各邊馬市。	
嘉靖32年（1553）	29歲		楊繼盛劾嚴嵩，被杖下獄。	
嘉靖33年（1554）	30歲	失意，告假歸鄉養病，讀書、學農。		

嘉靖 34 年 （1555）	31 歲		冤殺破倭總督張經。 楊繼盛被殺。	
嘉靖 35 年 （1556）	32 歲			
嘉靖 36 年 （1557）	33 歲			
嘉靖 37 年 （1558）	34 歲		刑科給事中吳時來、刑部主事張翀、董傳策疏劾嚴嵩，被謫充軍。上對嵩亦漸疏。	
嘉靖 38 年 （1559）	35 歲		北虜老把都兒、辛愛入犯薊州、玉田等地，京師大震。	
嘉靖 39 年 （1560）	36 歲	陞右春坊右中允，管國子監司業事。		
嘉靖 40 年 （1561）	37 歲		戚繼光大破倭寇于浙江臺州。	
嘉靖 41 年 （1562）	38 歲	詔重錄永樂大典，副貯他處，以備不虞。居正以右中允兼翰林院編修，入館校錄。	俞大猷、戚繼光分任福建正、副總兵進剿倭寇。御史鄒應龍劾嚴嵩父子，嵩罷官、子世蕃下獄。徐階為內閣首輔。	修撰申時行、張四維、馬自強等同為分校官。時禮部左侍郎高拱、左諭德兼侍講瞿景淳充總校官。
嘉靖 42 年 （1563）	39 歲	徐階薦張居正任修撰《承天大志》副總裁。	巡撫譚綸率俞大猷、戚繼光、劉顯等大破倭寇于平海衞（福建莆田）。北虜俺答等入寇通州等地，京師戒嚴。	
嘉靖 43 年 （1564）	40 歲	以編修《承天大志》陞右春坊右諭德兼裕王載垕日講官。		
嘉靖 44 年 （1565）	41 歲		嚴世蕃伏誅；抄嚴嵩家，出黃金三萬餘兩、白銀三百餘萬兩、其他值數百萬兩；李春芳入閣。	
嘉靖 45 年 （1566）	42 歲	參與徐階起草遺詔之事。陞翰林院侍讀學士掌院事。	戶部主事海瑞疏諫世宗久不視朝、專事齋醮，下獄幾死。郭樸、高拱入閣。世宗服丹藥致死，穆宗立。	

隆慶元年（1567）	43歲	正月陞禮部右侍郎兼翰林院學士；二月陞吏部左侍郎兼東閣大學士閣；四月再晉禮部尚書兼武英殿大學士。	陳以勤入閣。高拱罷職。調討倭名將兩廣總督譚綸、總兵戚繼光進京，加強北方防務。俺答、三衛、土蠻分寇大同、山西、薊鎮等地，京師戒嚴。	
隆慶2年（1568）	44歲	正月，加少保兼太子太保。七月，上陳六事疏。	五月，詔戚繼光總理薊州、昌平、保定三鎮練兵事。七月，內閣首輔徐階致仕；李春芳繼任。十月，廢遼王為民。	
隆慶3年（1569）	45歲		趙貞吉入閣。高拱復入閣。依張居正議，行大閱典禮，穆宗親至教場閱兵。	
隆慶4年（1570）	46歲	張居正與高拱力主接納來降之把漢那吉。以考績恩加太子太傅，吏部尚書。官一子中書舍人。復以殊勳加少傅兼建極殿大學士。官一子尚寶司丞。	王崇古總督宣、大、山西軍務。陳以勤趙貞吉致仕。殷士儋入閣。俺答孫把漢那吉來降。俺答請求封貢互市，並執趙全九人來獻。王崇古送還把漢那吉。	
隆慶5年（1571）	47歲	大力支持戚繼光整頓邊防。	封俺答為順義王，並分封其弟、子、姪等官職。北疆除東北土蠻部外，自此安寧。李春芳致仕，高拱繼為首輔。殷士儋致仕。戚繼光在薊鎮大修邊牆、臺，調浙兵充實邊防。	
隆慶6年（1572）	48歲	與高拱、高儀同受顧命。繼高拱後為首輔，著手整頓吏治、分閱邊防、進帝鑑圖說。	四月，高儀入閣。五月，穆宗崩。六月，神宗立，年十歲。高拱與馮保爭權被罷。呂調陽入閣。	六月高儀卒。
萬曆元年（1573）	49歲	立章奏考成法，綜核名實。以六年考績及山陵行成，晉左柱國兼中極殿大學士。	鎮壓兩廣徭亂三起。王崇古入理京營。方逢時陞宣、大總督，邊境益安。	

萬曆2年 （1574）	50歲	疏請神宗召見獎勵謝鵬舉等廉能官吏。 採給事中張楚城議，推行官員久任法。 與吏部尚書張瀚，進天下疆域群臣御屏供帝覽。	建州女真王杲寇遼東為李成梁所敗；嗣為都督王臺俘殺。	
萬曆3年 （1575）	51歲	疏請修復祖宗故事，設起居注官，記錄帝行。 疏請整飭學政以振興人才。 疏請整頓邊將因循懈怠之弊。 疏請整頓驛遞案。	南京戶科給事中余學夔、御史傅應禎上疏反對張居正改革，一罷官、一戍邊。 張四維入閣。 泰寧部炒花會土蠻，寇掠瀋陽，為總兵李成梁所敗。	
萬曆4年 （1576）	52歲	時國家積糧足支七、八年，張居正乃疏請慎擇地方官吏，並減免逋賦等事宜。 晉左柱國。	張居正門生遼東巡按御史劉臺，疏劾張居正擅作威福，神宗罷劉臺為民，戍邊廣西。 泰寧部炒花犯古北口，前總兵湯克，遇伏殉；再犯，為戚繼光所敗。	
萬曆5年 （1577）	53歲	神宗以張居正運籌破羅旁之功，賞賜銀物。 第二子張嗣修進士及第。 十月，吳中行、趙用賢、艾穆、沈思孝、鄒元標疏劾張居正奪情為貪位忘親。均受杖戍邊。 疏請清丈戶口、田，限三載竣事。	總督凌雲翼率總兵張元勛、李錫破廣東羅旁傜寨五百六十。	四月，兵部尚書譚綸逝。
萬曆6年 （1578）	54歲	二月，以采納問名副使參與神宗婚事。 三月，回江陵葬父；六月還朝。 戶部員外郎王用汲疏攻張居正被罷。	泰寧部速把亥會土蠻寇遼東為李成梁所敗。 神宗大婚。 三月，馬自強、申時行入閣。七月，呂調陽病免。	十月馬自強逝。十二月高拱逝。
萬曆7年 （1579）	55歲	正月，毀書院六十四處為公廨。 三、四、十一月，分疏勸節宮中賞賚、勿濫封外戚、減織段疋。 土蠻寇遼，張居正預授方略。	五月，以遼東戰功封李成梁為寧遠伯。 十月，土蠻四萬騎寇遼東，為李成梁所敗。	

萬曆 8 年 （1580）	56 歲	三月，第三子張懋修中狀元。長子張敬修亦中進士。 同月，服除，以體弱多病乞歸政，不允。	閏四月，總督劉堯誨鎮壓廣西右江僮亂。 清丈田畝竣事，計 701 萬 3 千 796 頃，較弘治期增 300 萬頃。	七月，俞大猷逝。
萬曆 9 年 （1581）	57 歲	正月，裁冗員 169 人。 二月，進「訓錄類編」為神宗日講，以裨政治。 疏以蠲振頻興，請撙節宮中耗費。 疏抑外戚，予爵祿不予世襲。 八月，病乞歸政，不允，在家調養。 十一月，晉太傅、左柱國。 全面推行一條鞭法。	正月，土蠻犯錦州，為李成梁所敗。 四月，京師大旱。 兵部尚書方逢時致仕。 五月，戶部尚書張學顏上會計錄。 盡賣民間種馬以互市饒馬。 十月，土蠻十餘萬騎寇遼東，李成梁卻之。	
萬曆 10 年 （1582）	58 歲	二月，疏請蠲免逋賦 100 餘萬兩。 六月十九日，病危，晉太師。次日逝於京師，贈上柱國，諡文忠，歸葬江陵。	國庫充盈。 三月，因減餉事杭州兵變。 十二月，謫太監馮保，抄其家，出金銀百餘萬兩，及大量珠寶。	二月，順義王俺答逝。子辛愛繼立，仍互市。
萬曆 11 年 （1583）	逝後 1 年	追奪居正上柱國、太師官；再奪文忠諡。罷第四子錦衣衛指揮張簡修為民。	戚繼光被劾，改鎮廣東。 張四維丁憂去位。	致仕大學士徐階逝。
萬曆 12 年 （1584）	逝後 2 年	四月，籍家，子女餓死者十餘人；長子禮部主事張敬修不勝拷掠，自縊亡； 八月，盡削張居正官、奪璽書、誥命；弟都指揮居易、子嗣修俱發戍烟瘴地。自是終萬曆世，無敢白居正者。	申時行為首輔，召還張居正所斥退者；政務寬緩簡易，綱紀漸弛。 閣臣與言路日相水火。	
萬曆 25 年 （1597）	逝後 15 年	李贄于《藏書》稱張居正為宰相之杰。		
萬曆 40 年 （1612）	逝後 30 年	第二子張嗣修編《張太岳文集》刊行之。	神宗久不視朝。	
天啓 2 年 （1622）	逝後 40 年	五月，熹宗追述張居正功績，復原官，予祭葬。		

崇禎 3 年 （1630）	逝後 48 年	復張居正二蔭與誥命。		
崇禎 13 年 （1640）	逝後 58 年	復敬修官；官曾孫同敞中書舍人。		
崇禎 16 年 （1643）	逝後 61 年		三月，李自成陷北京。思宗自縊。	
崇禎 17 年 （1644）	逝後 62 年	子允修以張獻宗亂，殉於長湖，諡忠烈。	清兵入京明亡。	
清順治 7 年 （1650）	逝後 68 年	曾孫同敞兵部侍郎，敗走桂林，與瞿式耜同殉。		

第二節　虜患、時論與武備思想的展現

一、虜患的影響

　　明世宗嘉靖朝四十五年之間，有關北疆韃靼的入侵，經統計《明通鑑》卷五十至卷六十三所載資料，共有 180 次（表 2-3），平均每年約 4 次；至於明穆宗隆慶朝六年間則有 17 次（表 2-4），平均每年 2.8 次；兩朝合計 197 次，總平均每年 3.9 次，真可謂外患頻繁。其相關戰紀、和款經過，特參據《明通鑑》所載，編成〈嘉靖隆慶二朝北疆虜犯通貢紀事表〉一種，見本節后（表2-5）。

表 2-3　明嘉靖朝北疆寇患統計表

嘉　靖	虜犯次數	嘉　靖	虜犯次數	嘉　靖	虜犯次數
元年	0	16 年	2	31 年	13
2 年	4	17 年	4	32 年	10
3 年	2	18 年	2	33 年	6
4 年	1	19 年	5	34 年	6
5 年	2	20 年	4	35 年	6
6 年	4	21 年	2	36 年	6
7 年	6	22 年	3	37 年	5
8 年	2	23 年	5	38 年	5
9 年	0	24 年	3	39 年	6

10 年	3	25 年	5	40 年	5
11 年	1	26 年	1	41 年	4
12 年	1	27 年	4	42 年	5
13 年	3	28 年	7	43 年	4
14 年	1	29 年	2	44 年	5
15 年	3	30 年	6	45 年	6
合計	180				

資料來源:《新校明通鑑》卷五十至卷六十三有關虜寇入犯邊境資料。

表 2-4　明隆慶朝北疆寇患統計表

隆　慶	虜犯次數	隆　慶	虜犯次數	隆　慶	虜犯次數
元年	6	3 年	2	5 年	1
2 年	2	4 年	5	6 年	1
合計	17				

資料來源:《新校明通鑑》卷六十四至卷六十五有關虜寇入犯邊境資料。

　　查北疆韃靼內寇的動機,主要在掠奪漢地的財物以及要求開放馬市等經濟因素。至於政權的擴張或領土的併吞,則非他們主要的訴求。雖然這些侵犯,基本上對明廷的政權,尚不致造成基礎性的動搖。但由於明廷北疆邊防長期以來的廢弛,使得沿邊內地,經常曝露在虜騎的蹂躪下,造成相當的傷亡與國家社會的不安。這在鄭曉所撰的《皇明北虜考》裡多有描述:

　　(嘉靖十九年)三月,虜入榆林塞、破清平堡,入米脂殺掠人畜萬計,焚芻糧數萬,長驅而出。總兵周尚文駐兵青秋原,虜退以捷告。虜又入宣府塞、破北路馬營諸堡,得我神槍銃礮千計、芻粟牛羊萬計。……往時虜多掠婦女,近數年,乃掠殺畜火器,遇婦人則殺不掠。〔註10〕

　　先是大同叛卒,逐出城,盡走虜中。虜擇便捷輩,多與牛羊帳幕,令為僧道丐乞,入詗我邊。西至甘涼,東出山東或入京師,凡地理兵馬強弱、撫鎮將領勇怯利害,盡走告虜酋吉囊、俺答。(嘉靖)十九年,二酋分進入塞。大同軍顧與虜約,無掠我人畜,我亦不復攔若,虜喜囓指折箭去。至秋,竟越大同、抵雁門、度寧武、入嵐靜、

〔註10〕鄭曉《皇明北虜考》(臺北:廣文書局 1972 年,初版),頁 55。

交城，掠殺人畜萬計。大同軍有得虜掠我輜畜，名買路錢。大同巡撫史道、總兵王陞幸無事，若不聞，聞亦不問。大同軍亦驕悍不用命，宣撫總兵白爵調援，亦不肯戰。虜益無忌顧，且欲攻雁門。山西撫臣陳講告急，大同撫臣史道竟匿不以聞。〔註11〕

（嘉靖二十一年）六月，虜又大入塞……俺答糾數酋，經朔州、掠太原，京師戒嚴……時俺答、青台吉、誅蠟哈哈喇漢及叛人高懷智、李天章各擁萬眾，越太原、列營汾河東西。散掠上黨、平陽、下邑……我師連營莫相躪，觀望不肯戰，縱賊益深入，殺掠人畜萬計。賊大營駐平遙，介休閒散入險山中，殺掠人畜，諸將竟不肯乘險邀擊……偏帥張世忠，自侯城村起營，盟約諸將，躪虜力戰。諸將閉營不相援，賊見世忠軍壯戰，又力呼集精騎三千餘合圍……世忠憤曰：「諸將獨不念血盟耶！」世忠被射傷，裹瘡下馬，四面步戰，賊亦窘。會矢火藥盡……復上馬往來，督短兵血戰……我兵死傷重，無援，久戰力竭……世忠頭中二矢，墜馬死。〔註12〕

此外，嘉靖二十九年八月，俺答大舉寇窺大同。總兵仇鸞惶懼無策，乃重賂俺答移犯它塞。於是虜眾沿邊東行，從古北口潰牆而入，至通州（距京師約十八公里）、〔註13〕分犯昌平皇陵、殺掠不可勝計，京師震動宣布戒嚴。俺答在內地飽掠八日後，從古北口舊路出塞。不可思議的是，仇鸞於昌平促遇回道的虜軍，在被擊傷亡千餘人，差點被俘後，不但掩匿敗情，反令諸將收斬餘屍八十餘以捷上報，而明世宗竟予加官太保、賞賜金幣，反殺因嚴嵩戒勿輕舉的兵部尚書丁汝夔與巡撫侍郎楊守謙。這就是所謂的「庚戌之變」。〔註14〕當時張居正二十六歲，職翰林院編修，身處京師，目睹整個事件的經過，大為憤慨。〔註15〕

　　嘉靖三十二年正月，兵部員外郎楊繼盛上奏嚴嵩十罪五奸，上怒，下獄杖；〔註16〕嘉靖三十七年三月，刑部主事張翀復上疏劾彈嚴嵩，自輔政以來

〔註11〕《皇明北虜考》頁 56、57。
〔註12〕《皇明北虜考》頁 59、60。
〔註13〕中國社會科學院主辦、譚其驤主編《中國歷史地圖集》（北京：中國地圖出版社 1982 年 10 月初版、1996 年 6 月河北 2 刷），頁 46。
〔註14〕清夏燮《新校明通鑑》卷 59，（臺北：世界書局 1978 年 5 月，再版），頁 2266～2272。
〔註15〕《明張江陵先生居正年譜》頁 12。
〔註16〕《新校明通鑑》卷 60，頁 2303～2306。

「文武將吏率由賄進，邊臣不論功次，但金多而賂厚者即被超遷」、「修邊築堡不核其實」、「朝出度支之門，暮入人臣之府，輸邊者四，餽嵩者六」。甚至還說：「臣每過長安街，見嵩門下無非邊鎮使人，未見其父，先餽其子；未見其子，先餽家人。嚴年之富，已踰數十萬，嵩家可知。私藏充溢，半屬軍儲，邊卒凍餒，不保朝夕，遂使祖宗二百年豢養之軍爲之耗弱。」而世宗卻下詔將張翀遠戍烟瘴。〔註17〕

看看這些燒殺擄掠、軍叛降虜、畏敵不戰、與敵密約、閉營不相援而冒功掩罪、競奔權貴等邊情痛史，以及朝政長期腐敗等現象。對一個胸懷大志，以相業自期，而於登進士、初任翰林院庶吉士，即默默潛求國家典故、與政務切要，〔註18〕並曾中懷鬱鬱慨歎「非得磊落奇偉之士，大破常格，掃除廓清，不足以弭天下之患」〔註19〕的張居正而言，不能謂不清楚。事實上，他在嘉靖二十八年（1549）二十五歲，剛授編修的時候，即展露了對時局敏銳的洞察力和政治抱負；他向世宗上了〈論時政疏〉，〔註20〕提出「壅閉不通」、「庶官瘝曠」、「吏治因循」、「邊備未修」、「宗室驕恣」、「財用大匱」等六大弊病。其中論及武備方面的，他說：

> 夷狄之患，雖自古有之，然守備素具，外侮不能侵也。今虜驕日久，邇來尤甚，或當宣大，或入內地，小入則小利，大入則大利。邊圉之臣，皆務一切幸而不爲大害，則欣然而喜，無復有爲萬世之慮，建難勝之策者。頃者，陛下赫然發奮，激勵將士，雲中之戰，遂克大捷，此振作之效也。然法曰：「無恃其不來，恃吾有以待之。」乘戰勝之氣，爲預防之圖，在此時矣；而迄于無聞。所謂邊備未修者，此也。

這裡所謂的「守備素具，外侮不能侵」、「邊臣皆幸而不爲大害，而無復有爲萬世之慮，建難勝之策」，以及「乘戰勝之氣，爲預防之圖，而迄于無聞」等，都只述及邊備的功用與未得重視的現況。至于如何整飭？通疏只「陛下赫然發奮，激勵將士」一著。儘管如此，他確實已點出了問題的核心之處。有關其他通盤性的籌謀，則要待到十九年後的隆慶二年才提出，時已四十四歲。這年正月，他以禮部尚書兼武英殿大學士加官少保兼太子太保，正是內

〔註17〕《新校明通鑑》卷61，頁2377。
〔註18〕王世貞〈張居正傳上〉，引自《張居正集》第四冊，頁439。
〔註19〕《張居正集》第二冊，頁1284，嘉靖41年〈答西夏直指耿楚侗〉。
〔註20〕《張居正集》第一冊，頁495～499。

閣首輔徐階引薦入閣的第二年；同年（隆慶2年）二月〔註21〕，駐牧大同鎮邊外的韃靼大酋俺答，再度侵擾柴溝堡（今河北懷安，張家口西南），新莊守備韓尙忠戰死。距「隆慶元年九月〔註22〕，俺酋、三衛、土蠻大舉分寇大同、山西、薊州等地，京師戒嚴，死者數萬」一事，前後才不過三、四個月；接著，七月，首輔徐階被劾、倦引致休。〔註23〕內閣只膡李春芳、張居正、陳以勤等三位，李任首輔、居正爲次。他在政府中的地位與影響力大爲提升，已非往昔可比；於是，八月間，張居正在盱衡「朝廷之間議論太多，事無統紀」、「上下務爲姑息，悉從委徇」、「詔旨廢格不行，視爲故紙」、「用人揀擇不精，名實不核」、「邊費重大，內帑空乏」、「虜患日深，邊事久廢」等國家危機中，上了〈陳六事疏〉〔註24〕，建議朝廷應該採取「省議論」、「振綱紀」、「重詔令」、「核名實」、「固邦本」、「飭武備」等措施，這也即是他後來主政期間，振衰起弊的重要政綱。其中有關整飭武備方面，經再綜納其他奏牘資料，歸結成「激發帝志，任賢善用」、「節約裁冗，邊用爲重」、「修邊設險，并力防制」等三項基礎性思想，將依序於第三、四、五章申述之。

表2-5　嘉靖隆慶二朝北疆虜犯通貢紀事表

年 代		月份	虜酋兵眾	紀事地區	款害情形	明 廷 處 置
嘉靖 2年	西元 1523	1月	小王子；萬餘騎犯	沙河堡		總兵官杭雄禦卻之
		3月	俺答犯	大同		
		5月	小王子犯	密雲石塘嶺	指揮殷隆等四人殉	詔逮治參將霍如忠
		8月	小王子犯	遼東丁字堡	都指揮王綱殉	殺虜五千餘口
3年	1524	1月	朵言都督花當子把兒孫犯	擁眾犯邊		敕撥團營兵三千備之
		12月	寇犯	遼東寧遠等堡		守備闍振戰敗之
4年	1525	1月	小王子別部駐西海者；萬騎犯	甘肅		總兵官姜奭禦之於苦水墩，斬其魁，寇去

〔註21〕《新校明通鑑》卷64，頁2503。
〔註22〕《新校明通鑑》卷64，頁2499～2500。
〔註23〕《新校明通鑑》卷64，頁2506～2507。
〔註24〕《新校明通鑑》卷64，頁2507；《張居正集》第一冊，頁9～10。

5年	1526	3月	北部亦卜剌犯	洮州，尋謀渡河入套，遂駐牧賀蘭山	寇數擾邊	
		4月	小王子犯	●大同 ●分兵宣府		●總兵官朱振禦卻之 ●都督傅鐸禦卻之
6年	1527	2月	小王子犯	宣府	參將王經殉	
		3月 庚辰	小王子犯	宣府	參將開山殉	上以宣府一月間連喪兩軍，逮總兵傅鐸，以郤永代之
		丙戌	小王子犯	宣府		命簡練京軍，起兵部侍郎馮清提督軍務。寇退，敕駐大同偏頭關
		4月	寇犯	神木、永興等堡		參將黃宰擊卻之
7年	1528	3月	小王子；號十萬眾犯	山西，自乾溝墩入	圍游擊邵定軍，宣大告急	
		6月	寇犯	大同中路		分守參將李蓁擊敗之
		10月 辛丑	小王子犯	宣府		總兵趙英擊卻之
		己未	寇犯	莊浪		總督三邊王瓊分遣諸將邀擊，計斬首十級
		未幾	寇犯	紅城子	寇掠；三原主簿張文明解餉至，遇害	
		12月	小王犯子	大同：陽和、天城、平虜三衛及雲、朔二州	寇大掠；指揮趙源殉	
8年	1529	8月	北寇；數萬騎犯	寧夏；靈州		總制王瓊督游擊梁震等擊之，邀斬七十餘人；是秋，瓊集精卒三萬，按行塞下。寇遠遁，耀兵還
		□	番犯	臨洮	番大掠	王瓊集兵討籠板爾諸族，焚巢，斬首三百六十、降七十餘族
10年	1531	3月 丙申	寇犯	甘肅：莊浪、乾州	寇掠	
		丁酉	寇犯	大同		
		10月	寇犯；六萬餘騎犯	大同	應、朔二州告急	詔鎮巡守官悉力禦之

11 年	1532	3 月	小王子；十萬騎犯	延綏		求貢未允
12 年	1533	2 月	吉囊犯	●延綏、花馬池 ●固原 ●宣府：永寧	寇掠 寇大掠	
13 年	1534	1 月	小王子犯	大同		至教場北，官軍擊卻之；城中叛卒出應寇；官軍斬捕百三十七人
		3 月	吉囊犯	響水波羅堡		參將任傑設伏大破之
		8 月	吉囊；十餘萬騎犯	花馬池	寇將窺固原	副總兵梁震及總兵劉文拒卻之
14 年	1535	6 月	吉囊犯	大同		總兵魯綱督參將段堂等敗之，斬八十級
15 年	1536	4 月	吉囊犯	●涼州 ●莊浪、分水嶺		●副總兵王輔奪其纛，斬五十七級 ●總兵姜奭三敗之
		9 月	吉囊犯	●延綏 ●寧夏		●三邊總督劉天和密檄延綏副將白爵與參將吳瑛，大創之 ●王效戰敗之
		12 月	吉囊犯	大同	寇掠	總督劉天和等力卻之
16 年	1537	2 月	寇犯	甘州		
		8 月	吉囊；四萬騎犯	●大同，自偏頭關東入 ●宣府	參將張國輔殉	副總兵郝鏜、參將張世忠率部與三關軍共一萬三千人，力拒不敵。再選保定軍三千，力保偏頭關
17 年	1538	3 月	三衛入寇	大清堡		總兵馬永擊卻之
		4 月	寇犯	大同		參將張世忠等禦卻之
		6 月	寇犯	宣府	都指揮周冕殉	
		8 月	吉囊犯	河西		總督劉天和等禦之，斬首八十餘級
18 年	1539	5 月	寇犯	遼東		
		9 月	寇兩犯	●宣府 ●榆林	軍卒楊思忠等六人殉	總兵周尚文敗之

19年	1540	1月	吉囊犯	大同	寇于大廟灣，伏殺指揮周岐等二十九人	參將張世忠禦之
		3月	吉囊犯	延綏	寇大掠	總兵周尚文迂道會援，副總兵楊信稱病不出
		7月	吉囊犯	萬全衞		總兵白爵三敗之，斬百餘級
		8月	寇犯	平涼、岢嵐、石州	寇掠劫	
		9月	吉囊犯	固原		總督劉天和、總兵周尚文、任傑大敗之，並斬濟農子錫沙王等四百四十餘級，上大嘉之
20年	1541	3月	吉囊犯	●甘肅蘭州 ●鎮朔堡	參將鄭東力戰被創，還營殉	寧夏總兵李義迎斬四十九首級
		6月	三衞犯	太康堡		參將趙國忠敗之，斬首一百二級
		8月	北寇分道入犯 ●俺答、阿布噶 ●吉囊	●石嶺關、太原 ●平虜衞、平定、壽陽	山西副總兵丁璋、游擊周宇殉	
		9月	寇犯	山西：平虜衞、朔州、石州	寇飽掠	
21年	1542	6月	俺答犯	辛卯，山西、駐朔州。庚戌，犯太原、孝義。己未，犯潞安、沁、汾、襄垣、長子。丙寅，回太原經忻、崞、祁縣；從雁門關故道去	寇大掠 參將張世忠、百戶張宣、張臣受圍戰殉	遇寇騎於孝義師同橋，斬首十三級，寇方移營北走
		8月	寇犯；四萬餘騎			
22年	1543	3月	俺答屢寇	延綏諸邊		
		8月	寇犯；三萬騎犯	波羅響水堡、綏德州		延綏游擊張鵬擊卻之；總兵吳瑛追擊出塞，又敗之
		10月	朵顏三衞犯	昌平州北：墓田峪	守備陳舜殉	副總兵王繼祖赴援，斬三十餘級，擊退之

23年	1544	1月	俺答犯	黃崖口		官兵擊敗之
		3月	俺答犯；五百餘騎	龍門所		總兵郤永等擊卻之，斬二十七級
		5月	寇犯；八百餘騎	鴉鶻關	提調都指揮康雲乘醉出塞，遇伏敗死；都指揮趙奇、佟勳、把總王鎮往援，皆殉	
		7月		大同		總兵周尚文戰於黑山，敗之
		10月	小王子等犯	甲戌，萬全右衞 乙亥，順聖川 戊寅，蔚州、完縣	寇掠	總兵郤永不能禦，毀邊牆 京師戒嚴；11月庚子解嚴
24年	1545	8月庚戌	寇犯	遼東松子嶺	靉陽守備張文瀚殉	
		□	寇犯	●大同中路 ●鴉鶻峪	參將張鳳、指揮劉欽、千戶李瓚、生員王邦直等皆戰殉，計二十八人	總兵張達拒卻之
		11月	寇犯	榆林		官軍擊卻之，追至塞外，斬首七十餘級
25年	1546	6月	寇犯	宣府	千戶汪洪戰殉	
		7月	●11日寇犯 ●中旬寇；十餘萬騎	宣府北路 由寧塞營入保安、慶陽、環縣	龍門所守備陳勳殉 指揮崔桂殉	總督三邊侍郎曾銑率參將李珍出塞擣巢馬梁山，斬首百餘而還
		9月	寇犯；萬餘騎	自義州清河入犯錦義		參將周益昌、指揮鍾世威、游擊武鏜力禦之
			寇犯	寧夏		
		10月	寇犯	清平堡	游擊高極遇伏殉，亡卒一十五人，創二十二人	

26 年	1547	1 月	寇犯	永昌	總兵蕭漢敗績	總督曾銑奏請逮問
27 年	1548	1 月	寇犯	廣寧	參將閻振殉	
		5 月	寇犯	宣府	官軍敗績	
		8 月	俺答犯	大同	指揮顧相等殉	總兵周尚文追敗之於次野口
		9 月	寇犯	宣府東路、永寧、懷來	官軍敗績,守備魯承恩等殉;寇屠堡數百,殺掠人民數萬,流血成川;幾輔震動	
28 年	1549	1 月	寇犯	永昌、鎮羌		官軍擊卻之
		2 月	俺答犯	●壬子,宣府滴水崖、永寧 ●乙卯,曹家莊 ●丙辰,大滹沱	指揮董暘、把總江漢、唐臣、張淮皆殉,全軍覆焉	總兵周尚文率大同兵萬騎大敗之,斬其酋四宣府總兵趙國忠大敗之
		4 月	俺答犯	永昌、鎮羌		參將蔣勳等擊退之
		8 月	寇犯	大同右衞、平虜、威遠	寇攻毀堡寨村莊五十餘;殺官軍三千五百人	
		9 月戊辰	寇犯	榆林		參將劉繼先等擊卻之
		壬午	俺答犯	大同		總兵陳鳳等擊退之
		□	朵顏三衞導北寇入犯	遼東沙河堡	守將張景福殉	
29 年庚戌	1550	6 月	俺答犯	大同:墩口、彌陀山	總兵張達、副總兵林椿皆殉	
		8 月	俺答;大舉入寇	●甲子,宣府 ●乙亥,循潮河川、古北口 ●丁丑,古北口、石匣營、懷柔、順義 ●戊寅,通州、昌平	薊鎮兵大潰 寇犯諸陵、殺掠不可勝計	有備不得入 京師戒嚴

				●己卯–壬午，白河、安定門教外場、薄都城、西山、黃村沙河、大、小榆河 ●甲申，由白羊口退	畿甸大震；寇毀城外廬舍，火光燭天	兵部尚書丁汝夔承嵩指，戒諸將勿輕舉；保定巡撫楊守謙，以孤軍薄寇營無繼，不敢戰，諸將堅壁不發一矢 丙戌，京師解嚴
30年	1551	11月	俺答；大犯三次	大同邊塞	寇擄人畜甚眾	
		12月	俺答；縱部入掠三次	大同、雙溝、團山、張家堡	寇攻堡殺人；官軍數敗	
31年	1552	1月 丁亥	俺答犯	大同、威遠城、弘賜堡	寇掠	
		辛丑	俺答犯	大同		
		2月 丁巳	俺答犯	弘賜堡、懷仁川、平川墩	掠；指揮僉事王恭殉	
		乙丑	俺答；二千騎犯	平虜堡		詔斬虜使於大同市；罷大同馬市
		4月	寇犯；二萬餘騎	遼東塞	百戶常祿、指揮姚大謨、劉棟、劉啓基戰殉三道溝；備指揮王相援殉蠟黎山	
		5月	寇犯；八百騎	陝西紅城等堡		
		7月	寇犯	薊州		
		8月	俺答犯	大同；由紅土堡出邊		
		9月 庚辰朔	寇犯；三萬騎	自弘賜堡潰牆，入大同左右、安東十七衞，由鎮川堡遁	寇掠	
		□	寇犯；萬餘騎	平虜衞、朔、應、山陰、馬邑	寇掠	
		乙酉	寇分犯	山西三關		
		壬辰	寇犯	寧夏		

		10月	小王子犯	遼東	錦州指揮柏鳳、千戶張勇、程世祿等殉之；寇殺掠千餘人引去	
32年	1553	2月	寇犯	宣府新開口	參將史略敗殉	
		3月辛巳	寇犯	延綏	寇攻墩台；副總兵李梅禦殉之，官軍死者四十八，傷一百二十九人	
		甲辰	俺答犯	宣府深井堡	副總兵郭都戰殉	
		4月	俺答；五百餘騎犯	遼東榆林堡		官軍擊卻之，追奔四十里
		夏	寇犯	甘肅、大同	守將禦之輒敗	邊報日急
		7月	俺答糾諸部犯	丁巳，由弘賜堡等邊入；戊午，渾源州、靈邱、廣昌等；己巳，峪南溝、插箭、浮圖；壬申，自廣昌之石門峽、大金井北遁	關南大震	中外戒嚴固原游擊陳鳳、寧夏游擊朱玉，大敗之於三家村
		8月乙亥	寇分犯	●蔚州 ●代州、繁峙		
		丙子	小王子犯	宣府，由獨石入赤城、滴水崖等處	寇攻毀屯堡、焚掠四日，驅所掠人畜而去	
		丙戌	寇犯	延、慶諸州；駐郿、延、中部	寇屠掠幾徧	
		9月	俺答犯	自大同平虜衞入犯山西利民、神池	總兵李淶、子李松、大同參將馮恩力戰殉之，全軍覆沒	

33 年	1554	4 月	俺答犯	宣府	寇潰牆大掠	
		6 月	俺答犯	大同五堡	總兵岳懋、指揮僉事戰殉	
		8 月	俺答犯	宣府		
		9 月己未	俺答犯	入平虜城至山西		官兵擊走之
		乙丑	俺答犯	潮河川；丁卯，古北口	寇掠	
		10 月	寇百道並犯	攻薊鎮牆四晝夜不克，退古城川，駐虎頭山庚午，北遁	火滿野，連亙數十里	總督楊博、總兵周益昌率禦之，宿止古北口垣上；嗣募死士執銳潛入敵營，中夜齊發，寇驚解去，關南解嚴
34 年	1555	2 月	俺答；分道進寇	●宣府龍門、赤城 ●薊鎮馬蘭峪	參將趙傾葵、指揮褚文明、李湘、周官、千戶黃世勳、段啓元、百戶孫世爵等敗殉	總兵周益昌馳援，寇聞大兵至，始去
		4 月	俺答犯	宣府青邊口堡	參將李光啓、指揮黃天祥、尚眞、蔡隆、千戶郝廉、賈璽、尚志、百戶郭勳、王永敗殉	
		9 月丙午	俺答犯	大同、宣府		
		戊午	俺答犯	戊午，入宣化龍門、懷來、保安；辛酉，保安、東嶺、自張家口奔出		關南戒嚴 參將馬芳率家丁、通事千餘人，夜襲寇營，寇大驚
		□	俺答分寇	山西馬家窰	參將丁碧提孤軍數百，戰殉	上憤甚，下賞格，購俺答首，賜萬金、爵伯；獲邱富、周原者三百金、授三品武階
		12 月	俺答犯	陝西神木堡、胡家埠	參將楊璘戰殉	

35 年	1556	6 月	俺答；三萬騎犯	宣府	游擊張紘率軍千餘迎戰，盡沒，僅十六人脫歸。紘及中軍陳徭、千把總繆策、陳鎮、張瑞俱戰殉	
		9 月	俺答犯	遼東平川、錦川等堡	參將羅九皋敗績，亡屯堡軍民數百人，指揮劉洪臣、千戶黃相、李承宗、百戶管振等戰殉	
		10 月	俺答犯	大同紅門堡、城子村	參將張桓殉	總兵孫朝等擊退之
		11 月戊午	北寇（小王子之後土蠻）；十餘萬騎犯	深入遼東廣寧等處	總兵殷尚質、游擊閻懋官力戰，敗殉	
		辛巳	北寇（土蠻）分犯	一片石、三道關		總兵歐陽安擊卻之
		12 月	北寇犯	陝西環、慶等處		都督僉事袁正等擊卻之
36 年	1557	2 月	俺答犯	大同邊、威遠、天城、沙溝等	守備唐天祿、把總汪淵殉之；攻毀村堡三十二所	
		3 月□	俺答別部老把都兒；擁眾數萬犯	永平、遷安等處	副總兵蔣承勳力戰殉之	
		□	吉能（吉囊子）犯	●大同中西二路	指揮楊汲、百戶李朝等殉之	
				●延綏、榆林	副總兵陳鳳殉之，子守義受創	
		6 月	俺答犯	宣府馬尾梁李家梁	參將祁勉中伏，與坐營官姚登崇、守備戴昇力戰殉；卒亡過半	參將祁勉率二百人禦之，寇敗

		9月	俺答子辛愛；數萬騎犯	大同右衛及應、朔二州	攻毀七十餘堡；男婦死者三千計	
		11月	辛愛犯	●大同右衛	總督楊順懼，遣辛愛降妾桃松寨，夜逸出塞，並陰告辛愛。辛愛執而戮之，並狎知楊順無能，圍右衛益急	
37年	1558	1月		●續圍大同右衛	西鄙震動	楊順告急；三月被兵科給事中吳時來疏劾、逮治；巡按御史路楷亦同，兵部尚書許論被斥為民；輔臣嚴嵩議欲棄右衛，不許。詔諸臣發兵措餉，以侍郎江東代楊順，起楊博為兵部尚書；參將尚表時出兵突戰。總督江東、巡撫楊選、總兵張承勳各嚴兵先後進，寇乃引去
		4月		●分犯宣、薊		
				●壬辰，大同右衛解圍	寇圍大同凡六閱月；守將王德戰殉	
		8月己未	吉能；三萬騎犯	永昌、涼州，圍甘州十四日始遁		
		己巳	寇犯	宣府	赤城把總馮尚才戰殉	游擊董一奎擊卻之
		10月戊辰	辛愛犯	遼陽、清河等堡		總兵官楊照率守備申有爵，分道出擊，斬首數百級
		壬申	北寇土蠻；十萬騎犯	●界嶺口 ●黑谷墩 ●還奔界嶺口	把總馬時雍戰殉	副總兵馬芳禦阻之 芳及總兵歐陽安卻之
		11月	陝西邊外番夷	莊西等處	百戶常棟等戰殉	
38年	1559	2月庚午	辛愛、老把都兒；擁眾數萬犯	●初屯會州，入潘家口，渡灤河而西		

		3月 己卯		●掠遷安、薊州、玉田，駐內地五日	京師大震。寇荼毒生靈、飽騰而去	薊遼總督王忬坐奪俸；褫奪總兵歐陽安等職
		6月	辛愛犯	大同弘賜、鎮川等堡、宣府東西二城，會久雨引去	寇掠	
		8月	俺答犯	土木	游擊董國忠等殉	
		9月	俺答犯	宣府		洗馬林詔、總督楊博嚴備關南
		12月	寇犯	遼陽	游擊賈冕殉之	
39年	1560	1月	俺答	宣府		副總兵馬芳擊敗之
		3月	寇犯；五萬餘騎	丁亥，遼東廣寧中前所 戊子，一片石等關	所守千、百戶武守爵、黃廷勛殉；掠二百餘人	
		7月	老把都兒犯	薊西		游擊胡鎮擊卻之
		9月 庚午	寇犯；三百餘騎	大同蔚、山西朔州川、廣武、代州、五臺、崞縣出寧武關北遁	寇掠	
		□	吉能犯	陝西米脂等縣		官軍擊卻之
		12月	土蠻犯	遼東海州、東勝堡	指揮李元勳殉之	
40年	1561	1月	吉能犯	自河西踏冰渡河，入山西五花營	守備王世臣、千戶李虎戰殉	
		7月	俺答犯	宣府		副總兵馬芳禦卻之
		9月	俺答犯	居庸關		參將胡鎮禦卻之
		11月	吉能犯；二萬餘騎	拆牆入寧夏、固原，數日引去		
		12月	老把都兒犯	遼東蓋州	指揮楊世武等殉之	
41年	1562	4月	土蠻犯	遼東，東關驛錦川營		
		5月 庚寅	土蠻犯	遼東		副總兵黑春大敗之

		壬子	土蠻犯	遼東鳳皇城、湯站堡	副總兵黑春、把總田耕乘勝追擊陷伏，力戰三日夜殉之	
		11月	北寇；數萬騎犯	寧夏清水營	副總兵王勳戰殉	
42年	1563	1月	俺答犯	●宣府滴水崖 ●隆慶、永寧、張家堡；出入凡七日會大雨乃遁	官軍敗績寇掠	原任總兵劉漢力戰卻之
		2月	俺答犯	●遼陽 ●長安堡		副總兵楊照擊敗之照設伏斬寇首七十五級、獲馬五十匹
		8月	俺答犯	遼東廣寧塞外	陞任總兵楊照，由鎮夷堡出塞掩擊，夜行失道，離塞六十里遇伏，中流矢殉。游擊線補袞等馳至，斬首二百餘，寇引去，奪照屍還。亡失官軍五十餘人	
		10月	辛愛、老把都兒犯	●丁卯，自薊牆子嶺、磨刀峪潰牆入 ●戊辰，順義、三河、通州 ●乙亥，密雲 ●復東躪順義、三河 ●自三河漸引而北	寇大掠總兵孫臏、游擊趙溱戰殉 寇飽掠八日	京師戒嚴；詔宣大總兵馬芳、姜應熊、劉漢調兵入援，以總督尚書江東統之；又敕文武大臣分守皇城、京城諸門 大同總兵姜應熊禦敗之，斬首三十餘級 敵疲失道，諸將無敢發一矢追擊者；京師稍解嚴
		12月	寇犯	沙河		官軍敗之

43 年	1564	1 月	土蠻犯	遼東，一片石、黃土嶺等處		參將白文智守邊牆，寇攻不克；總兵胡鎮至，禦卻之
		2 閏月	寇犯	遼東		指揮王維屏等禦卻之
		10 月	北寇犯	陝西板橋、響閘兒諸處，深入五百里	寇掠二十餘日	
		12 月	北寇犯	山西	游擊梁平、守備祁謀殉	
44 年	1565	3 月	土蠻犯	遼東，黃土臺	參將線補袞追擊，寇大至，圍數重，游擊楊維藩戰殉，補袞面中二矢，突圍還營，數日身殉	
		4 月	俺答犯	肅州，沙窩		總兵劉承業禦敗之
		5 月	寇犯	鎮武堡、延綏黃甫川，攻堡四日不克而去	把總高尚鈞中流矢殉	
		8 月	俺答子鴻台吉犯		寇散掠	把總姜汝棟以銳卒二百伏搏台吉，台吉墮馬傷
		9 月	寇犯	延綏，鎮靜堡	中路參將魯聰、指揮權世爵、千戶李朝嵩俱戰殉；寇圍總兵郭江、趙岢凡四日，副總兵李印、參將謝朝恩援至，寇乃解圍	
45 年	1566	3 月	俺答；千餘騎犯	宣府，龍門等處		總兵馬芳擊卻之
		4 月丙戌	俺答犯	遼東，西興堡、西平堡、高橋	備禦指揮苟麒、把總張祿禦之，中伏俱殉	

		5月壬辰		自西平出邊，轉河東鹽場、張能峪口	寇掠	清河守備郎得功擊卻之
		7月乙未	辛愛犯	宣府萬全右衞		上命亟檄宣、大、薊、遼各鎮調兵應援，並令大同，伏兵於天城、陽和間，俟至擊之。已而總督趙炳然以捷聞
		丙辰	辛愛犯	由延綏平山墩入抵延安關外	寇駐內地，大掠數日而去	固原總兵郭江等禦之，堅壁不戰；陝西巡撫陳其學遣都司馮時泰，出邊搗其巢，皆陷沒
		10月丁卯	俺答犯	陝西，固原、暗門	總兵郭江率千總李大本禦之，兵敗俱殉	
		癸酉	俺答犯	山西，偏頭關	守備左保殉之；官軍死者甚眾	
		閏10月	俺答犯	大同，樊皮嶺	參將崔世榮及其子大朝、大賓俱敗殉之	
隆慶元年	1567	2月	北寇犯	廣寧		總兵王治道擊卻之
		3月	土蠻犯	遼東	指揮王承德戰殉	
		4月	俺答犯	大同		
		6月	俺答犯	朔州		參將麻錦禦卻之
		9月乙卯	俺答犯	大同		
		癸亥	復率數萬騎犯	分三道，自朔州老營、偏頭關諸處，長驅入山西，攻岢嵐、汾州、石州、孝義、介休、平遙、文水、交城、太谷、隰州	邊將不能禦 知州王亮采殉，寇大掠其間；男婦死者數萬	

		壬申	●三衛勾土蠻入寇	薊鎮，昌黎、撫寧、樂亭、盧龍、灤河	參將吳昂殉；虜蹂躪其間，三日引去，出義院口，迷道墮崖，死者甚眾。	
			●鴻台吉犯	窺陵後南山		詔總兵李世忠東禦土蠻、劉漢西防鴻台吉、總督王之誥駐懷來、巡撫曹亨駐通州、參將陳良佐護昌平陵寢
		乙亥				李世忠東援永平，斬敵首五十級於撫寧縣南；京師戒嚴
		10月丙戌			寇退	京師解嚴
2年	1568	1月	寇犯	靖盧堡		
		2月	寇犯	柴溝堡	新莊守備韓尚忠戰殉	
		3月				總兵孫吳等出塞襲寇，破之
		11月				宣府總兵馬芳率參將劉譚出獨石，襲俺答於塞外長水海子，還至塞鞍子山，逆戰追者，再敗之
3年	1569	1月	俺答犯	弘賜堡		大同總兵趙岢擊卻之
		4月己丑				總兵雷龍襲套寇于塞外，敗之，斬首百餘級
		□				遼陽副總兵李成梁擊俺答別部于夾河山城，殲其卒百六十有奇
		9月	俺答犯	大同，山陰、應州、懷仁、渾元	寇掠	總督陳其學以捷聞，為御史燕如宦所發，兵部僅議貶秩
4年	1570	4月	俺答犯	大同、宣府、山西		官軍拒卻之
		8月	俺答及子辛愛大舉入犯	宣府、大同	告警	京師戒嚴時李春芳雖為首輔，而政出高拱。拱請命侍郎曹邦輔、王遴督

						師列陣以待；以都御史栗永倡守昌平，護陵寢；起劉濤于天津，守通州倉儲；命總督王崇古、譚綸主進勦機宜；戴才理糧餉，邊境得無事
		9月癸未	俺答犯	大同	副總兵錢棟殉	
		戊子	辛愛犯	錦州	總兵王治道、參將郎得功，以十餘騎入敵，殉之	擢副總兵李成梁爲總兵官
		10月癸卯	俺答孫把漢那吉	至大同	虜求內附	大同巡撫方逢時，告總督王崇古曰機不可失，率五百騎往受之。崇古上言：宜給官爵、豐館餼、飾輿馬以示俺答，此安邊之良策也。高拱、居正力主崇古議，乃詔授那吉爲指揮使
		11月	●俺答聞之自土番引兵還，約諸部入寇 ●辛愛犯	大同 大同		王崇古檄諸道嚴兵禦之，敵不得利。嗣令那吉緋袍金帶見俺答使，俺答喜過望，召辛愛引兵去」
		丁丑 12月	●俺答 俺答		虜乞封貢 虜執叛人趙全等九人來獻	崇古以聞，詔悉許之」 詔王崇古遣使送把漢那吉歸，那吉感泣拜去
5年	1571	3月己丑	俺答		虜誓不犯大同	詔封爲順義王、名所居曰歸化城。四月己酉，授其弟老把都兒、子辛愛並爲都督同知、把漢那吉拜昭勇將軍，指揮使如故。又授賓菟等六十一人指揮以下官，俱從總督王崇古之所請也，至是西塞以寧

		5月	土蠻犯	遼東卓山		總兵李成梁麾副將趙完等夾擊，斷其首尾、乘勝抵巢，馘部長二人、斬首五百八十餘級
		6月甲辰	河套部		乞封貢	授河套部長吉能爲都督同知
		6月甲寅	順義王俺答		貢馬	上嘉其誠，賜金幣，時定約：貢使不聽入京，皆自邊受之。上以邊境休息，擇吉告廟，百官稱賀
		丙辰	順義王俺答		執趙全餘黨趙宗山等十三人來獻	
		8月癸卯	河套部		請通市	許互市
		9月癸未	紅山墩、清水營諸部		踴躍趨之	開陝西三鎮貢市。自是邊境休息，不用兵革者二十年
6年	1572	3月	土蠻犯	●長勝堡 ●清河堡		守備范芝敗之 守備曹簠又敗之

資料來源：本表參考清夏燮《新校明通鑑》卷五十一至卷六十五，嘉隆二朝有關北疆虜犯、和款等相關史事編製而成。

二、時論的影響

張居正才高自負、〔註25〕個性孤耿，〔註26〕其處事「信心任理」，〔註27〕嘗謂：「利於公者，必不利於私。怨讟之興，理所必有。顧明主在上，懸衡

〔註25〕《張居正集》第二冊，頁 1251。萬曆 5 年〈示季子懋修〉：「夫欲求古匠之芳躅，又合當世之軌轍，惟有絕世之才者能之，明興以來，亦不多見。吾昔童稚登科，冒竊盛名，妄謂屈、宋、班、馬了不異人，區區一第，唾手可得。乃棄其本業，而馳騖詞典。比及三年，新功未完，舊業已蕪。今追憶當時所爲，適足以發笑而自點耳。甲辰下第，然後揣己量力，復尋前轍。晝作夜思，殫精畢力，幸而藝成。然亦僅得一第止耳，猶未能掉鞅文場，奪標藝院也。今汝之才，未能勝余，乃不俯尋吾之所得，而復蹈吾之所失，豈不謬哉！」

〔註26〕《張居正集》第二冊，頁 116，隆慶 3 年〈答南司徒張葦峰〉：「僕以孤直，不能徇俗取容，謬當鼎軸。……」頁 1262，萬曆 4 年〈答奉常陸五臺論治體用剛〉：「……乃讀前後手翰，所以教僕者則亦未越於眾人之見，而與僕之孤耿大謬也……。」

〔註27〕《張居正集》第二冊，頁 1262。

以運天下，功罪賞罰，奉天而行。雖有謗言，亦何足畏耶？孤數年以來，所結怨於天下者不少矣。憸夫惡黨，顯排陰嗾，又何嘗一日忘於孤哉？念己既忘家徇國，雖機穽滿前，眾鏃攢體，孤不畏也。」〔註28〕這種孤弘傲世、強力而行的人格特質，其主見特強，人際關係亦欠圓融，誠非廣交之屬。因之，從張居正大量書牘的往來對象來觀察，他除了對恩師徐階，始終執行弟子之禮外，其交往者，絕大多數為部屬之輩。其所談論的，亦多以政情、防務性等國事為主。再就這些內容來看，他所扮的角色，顯然是一個主導者與影響者，絕非人云亦云者流。除了隆慶初年大規模的修築敵臺案，係採受自薊鎮總兵戚繼光〔註29〕與薊遼總督譚綸〔註30〕的建議外；尚有隆慶四、五年，接受把漢那吉〔註31〕來降與俺答款順的關鍵性策略，顯然亦是經與時任首輔的高拱、〔註32〕宣大總督王崇古、〔註33〕大同巡撫方逢時〔註34〕等

〔註28〕《張居正集》第二冊，頁737，萬曆6年《答河漕按院林雲源言為事任怨》。
〔註29〕《明史》卷212、列傳第100，頁5610～5617：戚繼光，字元敬，世登州衛指揮僉事。幼倜儻有奇氣，家貧，好讀書，通經史大義。嘉靖中嗣職，用薦擢署都指揮僉事，備倭山東。改僉浙江都司，充參將。以「戚家軍」名聞天下，更出大猷之上。以蕩平倭寇功，進署都督僉事、都督同知、總兵官。為將號令嚴、信賞罰，士無敢不用命。隆慶2年5月，以都督同知總理薊、昌、保定三鎮練兵事。總兵官以下，悉受節制。既至，上疏以總理一官為其創設，諸將視為綴疣，無從展布。上乃命為總兵官，鎮守薊州、永平、山海諸處。其巡行塞上，議建敵臺。督撫上其議，許之。五年秋，臺功成，精堅雄壯，二千里聲勢相聯。另議立車營、拒馬器、用火器。節制精明，器械犀利，薊鎮軍容為諸鎮冠。在鎮16年，晏然無事。其賴當國大臣徐階、高拱、張居正等，先後倚任。居正尤與商榷，欲難光者，則徙去之。諸督、撫大臣如譚綸、劉應節、梁夢龍等，咸與善，動無掣肘，光益發舒。居正歿後半歲，當國者改之廣東。光悒不得志，尋被劾、罷歸。居三年，遂辛。
〔註30〕《明史》卷222、列傳第110，頁5833～5836：譚綸，字子理，宜黃人。嘉靖23年進士，歷南京禮部主事、職方郎中、台州知府、海道副使、右參政、右僉都御史巡撫福建、右副都御史巡撫陝西、四川、兵部右侍郎、兩廣總督兼巡撫廣西、兵部左侍郎總督薊遼保定、兵部尚書、加太子少保。萬曆5年卒，贈太子太保，諡襄敏。綸終始兵事垂30年，積首功二萬一千五百，與戚繼光共事齊名，稱「譚、戚」。
〔註31〕《明史》卷222、列傳第110，頁5839：把漢那吉者，俺答第三子鐵背臺吉之子。
〔註32〕《明史》卷213、列傳第101，頁5638～5642：高拱，字肅卿，新鄭人。嘉靖20年進士，歷庶吉士、編修、侍講、侍講學士、太常卿、國子監祭酒、禮部左侍郎、吏部兼學士掌詹事府事、禮部尚書。嘉靖45年，文淵閣大學士，與郭朴同入閣，皆徐階所薦也。隆慶1年5月，拱以不安其位而去之。隆慶3年，帝召以大學士兼掌吏部，盡反徐階所為。把漢那吉來降，總督王崇古受之，請於朝，乞授以官，朝議多以為不可。拱與居正力主之，遂排眾議請於

人密切的商議結果。

除此，迄未發現有其他相關的因果資料，足以用來說明或支持他的整飭武備思想，到底受了那些時論的影響？其影響的成分又是如何？或許這個答案，有待日後繼續發掘、梳理與展現。不過，余仍根據《國榷》卷六十五所載，將穆宗隆慶元年十一月，徐階擔任首輔時，受命廷議而上疏的〈禦虜十三事〉，〔註35〕與張居正〈陳六事疏・飭武備〉的架構，以對照的方式，來逞現論主的見識，如（表2-6）。依這個表，我們可以看出：1、就內容的條理性而言，顯然〈禦虜十三事〉較優於〈陳六事疏・飭武備〉。2、〈禦虜十三事〉係奉帝命廷議的集體論述，除了綱要之外，其相關的實務與執行事項，頗爲具體詳細；而〈陳六事疏・飭武備〉，則爲張居正個人較爲宏觀性的思惟論述，傾向於簡略。3、基本上兩論「責實效」、「議將」、「練兵」、「鄉團」、「明戰守」、「擇邊吏」等項之基調，是一致的。4、〈禦虜十三事〉僅著重在官僚系統自身的檢討，與應興應革的作法；而〈飭武備〉則更直接切入天子的心識建設，期以「自治之誠」用來奮勵激揚中國之志、抗禦強虜。綜觀二論，彼等對問題掌握的周延性、準確度，與論述氣魄的大小、格局的高低，

上，而封貢以成。始拱爲祭酒，居正爲司業，相友善。拱極稱居正才，拱爲首輔，居正肩隨之。隆慶6年，神宗即位，拱去之。居家數年卒。

〔註33〕《明史》卷222、列傳第110，頁5838～5843：王崇古，字學甫，蒲州人。嘉靖20年進士，歷刑部主事、郎中、安慶汝寧二知府、常鎮兵備副史、陝西按察史、河南右布政史、右僉都御史巡撫寧夏、加右副都御史、兵部右侍郎兼右僉都御史、總督陝西延寧甘肅軍務、加右督御史、總督宣大山西軍務。萬曆初，詔理戎政、加少保，刑部尚書、兵部尚書。身歷七鎮，勳著邊陲。封貢之初，廷議紛吵，有爲危言撼帝者。閣臣力持之，乃得成功。萬曆17年卒，贈太保、諡襄毅。

〔註34〕《明史》卷222、列傳第110，頁5844～5848：方逢時，字行之，嘉魚人。嘉靖20年進士，歷任宜興、寧津、曲周三知縣、戶部主事、工部郎中、寧國知府、廣東兵備副使、宣府北口道右參政、右僉都御史巡撫遼東；隆慶4年移大同。其冬，俺答孫把漢那吉來降。逢時告總督王崇古曰：「機不可失也。」遣中軍康綸，率騎五百往受之。與崇古定計，挾把漢以索叛人趙全等。以功進兵部右侍郎兼右僉都御史，甫拜命，以憂歸。萬曆初，以張居正薦起故官，代王崇古總督宣大山西軍務。始逢時與崇古共決大計，而貢事之議崇古獨成之。逢時代崇古後，乃申明約信。兩人首尾共濟，邊境遂安。其後復代崇古爲兵部尚書、加太子太保、進少保。萬曆9年致仕，24年卒。其才略明練處置邊事皆協機宜，功名與崇古相亞，稱「方、王」。

〔註35〕談遷《國榷》卷65，（北京：中華書局1958年12月初版，2005年8月3刷），頁4072、4073。

顯然各有不同。至於〈陳六事疏·飭武備〉後續的議行事項，案經當時兵部尙書霍冀奉命研處，並上疏〈覆陳飭武備事宜〉〔註36〕計有七綱、二十六小項，經摘整如（表2-7）。

　　此外，同爲隆慶朝閣臣的趙貞吉，〔註37〕爲了要「遵祖制、收兵權，以飭戎務」而上〈論營制疏〉〔註38〕：他以「照得我朝，內、外衛兵分隸五府，乃高皇帝定萬世太平之計，俾免前代強臣握兵之害。」認爲先朝禁軍三大營，各營有帥。如今卻「以十餘萬之眾，而統于一人，則盡變成祖分營之意。」因乃主張「將見操官兵九萬，分爲左、右、中、前、後五營，各則擇一將以分統之。責令開營教習，依法訓練，仍以文臣巡覈之。」如其不然，則「將權重，而避忌愈多，兵不敢練也；卒伍混，而分數不明，兵不可練也；責任歸於一人，而觀望推委者多，兵不能練也。」與其「握兵權于一人，坐視其廢弛，以趨于弱。」不如「分其權于五人，令其各自操練，互相奮勉，而漸趨于強，以壯國威。」這是典型的「分權去害論」。此與張居正「寬文法以伸將權」的激奮思想迥然不同。根據《明史》記載，穆宗看了趙貞吉這個摺子，認爲很好，命兵部會廷臣商議：不僅尙書霍冀不以爲然，廷臣亦多謂「強兵在擇將，不在變法」。於是霍冀乃上議：三大營宜如故，惟以一人爲總督，權太重宜罷；三營各設一大將，以文臣爲總理。穆宗裁可。〔註39〕

　　以上所述，多少或能襯托、比較出張居正所開具出來的武備思維系統，它的規模與解決外患的效度，在時局的禦虜思潮中，所處的水平與定位。這對於本議題宏觀性的理解，應有所助益。

〔註36〕陳子龍《明經世文編》卷323〈霍司馬疏議·覆陳飭武備事宜〉，（北京：中華書局1962年6月），頁3446～3447。

〔註37〕《明史》卷193、列傳第81，頁5122～5125：「趙貞吉，字孟靜，內江人。六歲日誦書一卷，及長以博洽名，最善王守仁學。舉嘉靖14年進士，選庶吉士、授編修。」累遷戶部右侍郎，後奪官。隆慶初，起禮部左侍郎、掌詹事府。年踰六十充日講官，尋遷南京禮部尚書。三年秋，兼文淵閣大學士參預機務，並掌都察院。其性好剛使氣、動與物迕，人以是多怨。「高拱、張居正名輩出貞吉後，而進用居先，咸負才好勝不相下，竟齟齬而去。萬曆十年卒，贈少保，諡文肅。」

〔註38〕《明經世文編》卷255〈趙文肅集·論營制疏〉，頁2692、2693。

〔註39〕《明史》卷193、列傳第81，頁5123、5124。

表2-6 張居正〈陳六事疏‧飭武備〉與徐階〈禦虜十三事〉對照表

年代	隆慶 1 年 11 月	隆慶 2 年 8 月
人物	內閣首輔　徐階	閣臣　張居正
策議摘要	〈禦虜十三事〉 1. 責實效： 　邊臣鮮以實應，如薊鎮常修邊，而虜近從羅漢洞入；山西石州嘗築城，而院委之道，道委之縣，上下相蒙，遂成陷沒，當痛懲此弊。 　▲軍士逃沒必補實，疲羸必實選。 　▲城堡必足防，器械必堪擊刺。 　▲公行賞罰 　▲芻餉時給 　▲躬親閱視 　數月，特遣才望大臣帶司屬分詣諸鎮，驗實效；每三年，遣官巡視，庶所議不為虛談。 2. 定責任： 　各邊總督、總兵、巡撫責任均重。但比歲失事，總督受辟而總兵漏網。宜令督、撫、鎮、道，各遵敕行事。遇有功罪，自總督以至副、參、游、守、兵備有司，照職任例定賞罰。 3. 明戰守： 　用兵必審地利，薊鎮天險可因，當主守，修邊必不可廢；山西諸路地多平衍，當主於戰。宜令總督以戰守責各鎮入衛官兵，修邊責主兵；宣府當守南山、保定當謹哨探、大同當搗虜巢、遼東當積貯。 4. 申軍令： 　主將之所以制偏、裨，與所以練卒伍者，號令嚴耳。宜立定例，凡領兵官亡論副、參、游、守臨陣，但部卒退縮者，許即斬首以徇；其領兵官退縮，把總以下，許總兵及副總、參、游亦即斬首以徇，呈總督奏聞；參、游、副總，許總兵官具罪狀，呈總督奏請。 5. 重將帥： 　將官與文職，其文檄禮接，自有成規。近文臣或凌辱將官、侵其事，將權日輕。今後慎選總兵，得其人則—— 　▲各營中軍、千把、總管、隊等官，許其自辟；參、游、守備等官，許其共擬去留。 　▲遣諜、購間等費，徑從督、撫關支，事大則特奏。	〈陳六事疏‧飭武備〉 □此數者（自守之策），昨雖已經閣部議行，臣愚猶恐人心玩愒日久，尚以虛文塞責。伏乞敕下兵部，申飭各邊督撫，務將邊事著實舉行。俟秋防畢日，嚴察有無實效，大行賞罰，庶沿邊諸郡，在在有備，而虜不敢窺也。 □時簡精銳，出其空虛以制之。虜即入犯，亦可不至大失。（自守之策） □懸重賞以勸有功，寬文法以伸將權，則忠勇之夫，孰不思奮，又何患於無將？

▲糧草器械馬匹等，或缺、或窳，呈督撫覈處。

▲總兵見總督，副總、參、游見撫、按，自稱名，稱總督曰軍門、稱撫按曰本院，不許紲下、自損威重。

6. 練軍兵：

薊鎮修邊，不暇練；各鎮又專恃家丁殺賊，所部卒亦不練。宜自來年爲始，各部軍士——

▲清占冒。

▲汰老弱。

▲選教師習藝，尤重火器。

▲第其能否，而賞罰之。

□夫兵不患少而患弱。今軍伍雖缺，而糧籍具存。若能按籍徵求，清查影占，隨宜募補，著實訓練，何患無兵？今京城內外，守備單弱，臣常以爲憂。伏乞敕下戎政大臣，申嚴軍政，設法訓練。每歲或間歲季冬農隙之時，恭請聖駕親臨校閱，一以試將官之能否，一以觀軍士之勇怯。有技藝精熟者，分別賞賫；老弱不堪者，即行汰易。

7. 繕城堡，堅壁清野：

諸鎮——

▲凡城堡低薄者增修之，或創築。其費取撫、按等贖緣鍰，不給則支帑金。軍民捐助，立爲勸獎。

▲守具、槍砲等，令郡縣如法製造。

8. 團民兵：

各督、撫、兵備，令有司選鄉民編伍，擇有身家信義者爲堡長統之，時習騎射，有警則同拒守。若擒斬有功，陞級世襲。不願陞者，予五十金。上司於民兵，只閱賞罰，不得追呼送迎，及調赴他役。

□團練鄉兵、併守墩堡，令民收保。（自守之策）

9. 處久任：

邊方危苦與內地異，徒持久任之說而不有以處之，使才能之士積勞不遷，將以才能爲諱矣。望敕吏兵二部——

▲各邊總督、鎮、巡，既受命從事，聽其展布，寬其文法。

▲督、撫、兵備三年考滿，近例陞蔭。

▲總兵及副、參、游、守，修職防秋三年無事，督、撫奏請加恩，各勿易地，俟再考總敘超擢。

▲小過勿輕劾，如事不可已，或降秩俸、或革職，仍令在事立功自贖。

□同「懸重賞以勸有功，寬文法以伸將權」條。

10. 廣招納：

虜中多華人，未嘗不思故土。但將官妄殺邀功，不敢自歸；幸而生還，又不加卹，故甘爲賊用。近兵部立招降賞格，令各邊總督、鎮、巡榜示邊外：

陷虜者能——

▲計斬大酋如俺答、黃台吉、把都兒、吉能、土蠻等，函首來獻，封世伯，賞五千金。 ▲計斬逆賊如趙全、周元等，函首來獻，世都指揮僉事，賞千金。 ▲率歸男婦五百人以上，授指揮同知；三百人以上，授指揮僉事，各世襲；餘各有差，十人以上免徭役；若趙全、周元來歸，許以不死。 11. 儲人才： 　　▲九卿、科、道各舉所知。 　　▲各邊督、撫、巡、按薦舉將官。 　　▲亡論指揮、千、百戶，鎮、撫一體訪薦。 　　▲軍民人等，果巧技及力舉千斤者，即給道費，送兵部試用。 12. 理鹽法： 　　先年商人中鹽，各邊納本色；屯軍貧不能耕者，商人資以牛種，秋成分粟，故鹽法與屯田相為表裡。近來鹽法大壞，乞廷臣舉才臣理鹽，重其事權，俾之清理，因興屯田之利，裕塞下之民。 13. 擇邊吏： 　　沿邊知府，必加審慎。其府、佐、州、縣必多進士除授，及下第貢士，果年壯收選，日後陞遷，照近例繁簡各加優異。	□捐無用不急之費，併其財力，以撫養戰鬥之士，何患無財？ □選擇邊吏。（自守之策） □今之上策，莫如自治。而其機要所在，惟在皇上赫然奮發，先定聖志。聖志定，而懷忠蘊謀之士，得效於前。……臣之所患，獨患中國無奮勵激發之志，因循怠玩，姑務偷安。則雖有兵食良將，亦恐不能有為耳。故臣願皇上急先自治之圖，堅定必為之志： ▲屬任謀臣 ▲修舉實政 ▲不求近功 ▲不忘有事〔自治之圖〕
穆宗裁示 上襃答：其即行之。	上襃答之：下部院議行之。

資料來源：1. 談遷《國榷》卷六十五，（北京：中華書局 1958 年初版、2005 年 3 刷），頁 4072、4073。

2. 張舜徽編《張居正集》第一冊，（武漢：湖北人民出版社 1994 年，初版）頁 9、10。

表 2-7　明兵部尚書霍冀〈覆陳飭武備事宜〉摘整表

年　代	明隆慶 2 年	備　註
人　物	兵部尚書　霍冀	
摘　整內　容	1. 議兵 足兵之策，不過勾、補、團練而已： ▲祖、宗朝，九邊兵以百萬計，今尚存 60 萬有奇。若能設法清補，原額亦可盡復。 ▲團練之法，當令各鎮選編現在軍士，五人爲伍，五伍爲隊，各立之長。長各擇教師，教以武藝。兵備官，每季一閱視以報督、撫。督、撫官，每歲一閱視以報本部。凡將領黜陟，視此爲差。隊伍中有罪，罰及其長，賞亦如之。 2. 議食 兵與食爲表裡，足兵之方寓於練兵之中： ▲冗兵汰，則冒替之糧減。 ▲主兵練，則客兵之餉省。 ▲我兵能戰，而虜一遭挫，則必數年不擾，而行糧可免。 ▲虜既遠遁，則我之威力能制屬夷之死命，而撫賞亦可罷。 ▲興屯、鹽以復本色，視豐、儉以爲折支，由戶部酌計施行。 3. 議將 邊臣莫肯效死者：弊在操切太過，爵賞太輕，請令督、撫、兵備官： ▲一切闑外之務，悉聽總兵而下，自擇進止，不得拘以文法。 ▲各官果建奇功，即超格封拜；亦不得指摘小疵，率爾論劾。 ▲本部查稽三年無過者，酌量險易，奏請加恩。 ▲承委府佐以下官員，非禮凌辱，許將官具揭送部，定行降罰。 4. 議選邊吏 ▲各邊守令，凡地方兵食之計，悉賴處分。 ▲議調、議補之奏報，則在吏部持衡秉公，務得眞才。 5. 議團練鄉兵 大邊延袤萬里，以 60 萬眾分布其間，恐力分勢弱，難以禦敵。請轉檄兵備、守巡等官團練鄉兵： ▲凡沿邊郡縣，不分城、市、村、堡、軍餘民舍，皆列爲鄉兵。 ▲鄉兵如邊軍隊伍之制，10 隊爲司，司有長、有副，10	本〈覆陳飭武備事宜〉，係兵部尚書霍冀承奉穆宗敕令，針對張居正〈陳六事疏・飭武備〉所擬議的後續施辦事項。

| | 司爲哨，哨有總、有正；其村堡寡不及數者，止 50 人爲一隊，每堡中設一堡長、一堡副領之。
▲以不妨農務隨時訓習，有司于冬春間按視。
▲其有勞者，量加獎賞。
▲遇有虜報，則督撫移檄諸郡縣，傳相告諭。各率鄉兵乘城防守，以五色旗爲號。
▲賊退，而鄉兵有斬獲者，照官軍例陞賞；雖無斬獲而防守無失者，亦量犒之；哨總、司總、堡長等役，各給冠帶。
▲鄉兵練成，督、撫、兵備亦皆計功陞轉，不得徒具彌文。

6. 議併守城堡
▲虜賊臨牆，不能拒之邊外，則當急入收保。
▲邊內城堡不能盡守，則當擇適中之處，將附近小堡併入大堡。
▲修城、浚濠，務俾堅固，其軍民有自願包砌者，聽官量助之。

7. 議整飭京營
祖宗設立京營、屯兵數十萬，所以居重馭輕，而固天下之本。歲久逃亡者眾，見存僅九萬餘人，其中又多四方竄籍之人，有以一人而應三五役者，即春秋操演，亦虛文耳。
今宜：
▲盡核逃亡之數，報冊有名者，行衛查補；無名者，發單清勾。
▲兵數既足，仍行戎政大臣，從實操練。季終，會同巡視科、道閱視勤惰以聞。
▲大閱之禮，宣宗、英宗成憲具在。當戎務廢弛之秋，伏望自隆慶三年爲始，於季冬農隙之候，恭請聖駕親臨校閱：
一以甄別將官，驗其教練之多寡，以爲黜陟之次第。
一以考校軍士，視其技藝之高下，以爲賞賚之等差。
但有老弱即行汰易。
以後間歲一舉，不惟京營卒伍可變弱爲強，即邊塞諸軍亦望風而思奮矣。 | |

資料來源：陳子龍《明經世文編》卷 323，（北京：中華書局 1962 年 6 月），頁 3446
　　　　～3447。

第三章 激發帝志 善用賢能

第一節 帝德不彰的殷鑑

張居正在〈陳六事疏〉裡說道:「臣惟當今之事,其可慮者,莫重於邊防;廟堂之上,所當日夜圖畫者,亦莫急於邊防。」但如何圖畫?能否貫徹、終抵於成?這是攸關整個大明朝大經大略的成敗問題,背後不能沒有一個鉅大而又堅定的能量支撐著。如果這個背靠的帝王,衝動昏庸、不明事理而輕信反覆、怠玩好逸而不理朝政,則所有改革的心血都將無濟於事。回首嘉靖朝的「先帝」明世宗朱厚熜在位期間的種種如:

嘉靖二十年,監察御史楊爵上疏「陛下即位之初,勵精有為」、「乃數年以來,朝御希簡、經筵曠廢,大小臣庶朝參辭謝,未得一睹聖容;敷陳復逆,未得一聆天語。恐人心日益怠媮,中外日益渙散」、「左道惑眾,聖王必誅」、「陛下誠與公卿賢士日論治道,則天地鬼神莫不祐享,安用此妖誕邪妄之術,列諸清禁,為聖躬累也。」世宗聞之大怒,下詔獄,血肉狼藉。[註1]

嘉靖二十八年,張居正〈論時政疏〉裡也說道:「今群臣百僚,不得望陛下之清光已八、九年,雖陛下神聖獨運,萬幾之務,無所留滯。然天道下濟而光明,自古聖帝明王未有不親近文學侍從之臣,而能獨治者也。……今大小臣工,雖有懷當時之憂,為宗社之慮者,而遠隔于尊嚴之下,懸想于於穆之中,逡巡囁口,而不敢盡其愚。……夫以刑罰驅之,而猶不敢言,若是者何?雷霆之威不可干,神明之尊不可測,陛下虛己好諫之誠,未盡暴著于臣

下故也。是以大臣雖欲有所建明，而未易進；小臣雖欲有所獻納，而未敢言。由此觀之，血氣可謂壅閼而不通矣，是以臃腫痿痺之病，乘間而生。」〔註2〕

十七年後的嘉靖四十五年，戶部主事海瑞，為著同樣的理由，亦上疏曰：「陛下誠知齋醮無益，一旦翻然悔悟，日御正朝，與宰相侍從講求天下利害，洗數十年之積誤，使諸臣亦得洗數十年阿君之恥。天下何憂不治？萬事何憂不理？此在陛下一振作間而已。」同樣的，世宗照舊大怒，移刑部一度論死。〔註3〕而他對俺答求貢的失策，又平白犧牲了多少無辜的生命，耗損了多少本可不必、而無可估算的軍需國力。〔註4〕近人賈虎臣在其《中國歷代帝王譜系彙編》中給明世宗作了批評：

> 厚熄性剛果，英察自信，頗護己短，輕於刑戮。好神仙，愛告訐。
> 初即位，首詔大禮議，尊崇所生，忠良喪氣。及後怠于政事，崇奉
> 道教，篤志玄修，專務祈禱，日事齋醮，冀求長生。營繕並興，靡
> 費無限，府藏皆竭，且積年不視朝，君臣隔絕，政事廢弛，惡聞過
> 失，尤疾言官，拒諫立威，動則誅戮，威柄自持，以重典繩下。寵
> 任嚴嵩，盜弄威權，專橫自恣，殘害忠良。以致內憂外患，接踵而
> 來，將疲于邊，賊訌於內，明政大壞，遂啓危亡之端。〔註5〕

這個批評，除了「英察自信」四個字，頗有爭議之外，大體說來，合符事實。難怪張居正在〈陳六事疏〉裡會說：

> 今之上策，莫如自治。而其機要所在，惟在皇上赫然奮發，定聖志。
> 聖志定，而懷忠蘊謀之士，得效於前矣。
>
> 臣之所患，獨患中國無奮勵激發之志，因循怠玩，姑務偷安，則雖
> 有兵食良將，亦恐不能有為耳。故臣願皇上急先自治之圖，堅定必
> 為之志，屬任謀臣，修舉實政；不求近功，不忘有事；熟計而審行

〔註2〕 《張居正集》第一冊，頁496。

〔註3〕 《新校明通鑑》卷63，頁2473～2475。

〔註4〕 隆慶六年大學士高拱疏議：「先帝時，虜遣使求貢，不過貪賞賜關市之利耳。而邊臣倉促，不知為謀：當事之臣，憚於主計，斬使絕之，使挑虜釁。自是大舉內犯，直抵京畿，三十餘年迄無寧日。使邊民肝腦塗地、膏腴棄而不耕、屯鹽廢壞。豈惟邊事不支，而帑儲竭於供億，士馬疲於調遣，中原亦且敝矣！此往事失計之明驗也。」見徐學聚《國朝典彙》卷159，（北京：書目文獻出版社1996年，初版），頁1943。

〔註5〕 賈虎臣《中國歷代帝王譜系彙編》（臺北：正中書局1966年初版，1985年第六刷），頁309。

之，不出五年，虜可圖矣。〔註6〕

這裡頭，他將「惟在皇上赫然奮發、定聖志」、「獨患因循怠惰、姑務偷安」、「熟計而審行之」等，視為「自治圖虜」的機要所在。隱然和十九年前〈論時政疏〉中「陛下赫然發奮」的論述，互相呼應。從這，我們可以感受到，明世宗的荒謬昏躁，對他經略思想的形成，影響何其深刻。

第二節　帝學與帝志的貫通

張居正這種「激發帝志」的思惟，事實上也一直貫穿、展現在隆慶、萬曆年間，身處軸樞十六年的「帝學」思想當中。例如：隆慶四年，皇太子朱翊鈞八歲，禮部奏題宜出閣就學，但穆宗認為年紀尚幼不予同意，而張居正卻隨即上疏堅持禮部意見：

> 敬惟東宮殿下……今已八齡，非襁褓矣。正聰明初發之時，理欲互勝之際，必即時出閣，遴選孝友敦厚之士，日進仁義道德之說，于以開發其知識，于以薰陶其德性。庶前後左右所與處者皆正人，出入起居所見聞者皆正事。作聖之基，以豫養而成；天下之本，以早教而端也。若必待十齡，去此尚有二年之遠，中間倘所見所聞，少有不正，則關係匪輕。早一日，則有一日培養之益；遲一年，則少一年進修之功。惟皇上深省焉。〔註7〕

再查其奏疏中所論及「帝學」的，尚有〈乞崇聖學以隆聖治疏〉、〈請酌定朝講日期疏〉、〈擬日講儀注疏〉、〈進帝鑑圖說疏〉、〈請開經筵疏〉、〈進講章疏〉、〈進世宗御筆疏〉、〈乞遵守慈諭疏〉、〈請清汰近習疏〉、〈請敷陳謨烈以裨聖學疏〉、〈請用翰林官更番侍直疏〉、〈送起居館講大寶箴記事〉等計十一摺。其內容包括課程的安排、讀書的方法、人格的涵養、鑑古知今、辨才審官以及省覽章奏以資治理等等。他深盼神宗能夠「聖德愈進於高明、聖志愈躋于光大」，不再重蹈往朝「先帝」的種種過患。茲就上列特舉數摺，用以顯現張居正「激發帝志」的心切：

隆慶六年，時皇太子朱翊鈞十歲，剛繼承帝位。居正上〈乞崇聖學以隆聖治疏〉：

〔註6〕　《張居正集》第一冊，頁9～10。
〔註7〕　《張居正集》第一冊，頁49。

伏思培養君德，開導聖學，乃當今第一要務。臣居正又親受先帝（穆宗）顧託，追惟憑几之言，亦惓惓以講學親賢爲囑，用敢冒昧上請。今一應大典禮，俱已次第修舉。時值秋涼，簡編可近。伏望皇上思先帝付託之重，勤始終典學之功，乘此清秋，將講讀令典，亟賜舉行，以慰天下臣民之望。〔註8〕

同年，張居正屬請講官馬自強等撮取古來天下君主，「善可爲法者」八十一事，「惡可爲戒者」三十六事，編成《帝鑑圖說》陳上閱覽。〔註9〕他在〈進帝鑑圖說疏〉中說道：

唐太宗曰：「以銅爲鑑，可正衣冠；以古爲鑑，可見興替。」臣等嘗因是考前史所載治亂興亡之迹，如出一轍。大體皆以敬天法祖，聽言納諫，節用愛人，親賢臣，遠小人，憂勤惕屬即治；不畏天地，不法祖宗，拒諫遂非，侈用虐民，親小人，遠賢臣，般樂怠慢即亂。出於治，則雖不階尺土一民之力，而其興也勃焉。出於亂，則雖藉祖宗累世之資，當國家熙隆之運，而其亡也忽焉。譬之佩蘭者之必馨，飲酖者之必殺。以是知人主欲長治而無亂，其道無他，但取古人已然之迹，而反己內觀，則得失之效，昭然可睹矣。〔註10〕

其中這句「出於亂，則雖藉祖宗累世之資，當國家熙隆之運，而其亡也忽焉。」是如此的深刻和語重心長，似乎也印證了神宗主政後的國勢走向。

萬曆元年，他再上〈進講章疏〉，〔註11〕將當年所進講章重複校閱增刪，編成《大學》、《虞書》各一本、《通鑑》四本，裝潢進呈，俾利溫習；萬曆六年正月，神宗十六歲將大婚，慈聖皇太后在由乾清宮返還慈寧宮時，曾諭訓神宗「爾一身爲天地神人之主，所繫非輕。爾務要萬分涵養，節飲食，愼起

〔註8〕《張居正集》第一冊，頁70。

〔註9〕明萬曆禮部尚書、兼翰林院學士陸樹聲〈帝鑑圖說敍〉收入《四庫全書存目叢書》史部第 282 冊（臺南：莊嚴文化事業有限公司 1996 年 8 月出版）頁 302：「帝鑑圖說者，今元輔少師張公，輯以進御者也。上初登大寶，召見公……公偕少保呂公左右侍，數承清問效啓沃。上益嚮意於學，公令講臣采摭前代君人治蹟，遡唐虞以迄漢唐宋興衰得失，可爲勸戒者，條其事百餘，各因事繪圖，系之說，以備乙覽存考鏡焉，題曰「帝鑑」。公草疏，率諸講臣進之黼座。上爲起受，項間徹審覽，指其中一一顧問公，公對如指。一時廷臣謂上明聖不世出也。」

〔註10〕《張居正集》第一冊，頁 103〜104。

〔註11〕《張居正集》第一冊，頁 140。

居，依從老成人諫勸。不可溺愛衽席，任用匪人，以遺我憂。」張居正隨後即上〈乞遵守慈諭疏〉：

> 伏望皇上仰體慈心，服膺明訓。不徒聽從於面命，尤必允蹈於躬行。大婚禮成之後，視朝講學，比前更宜勤敏。至於晏息幸御，尤望萬分保愛，萬分撙節。必存兢業，儼如聖母之在前，身服教言，恆若慈音之在耳。則聖壽可等於松喬，聖德可比於堯舜，宗社億萬年無疆之慶實在於此。〔註12〕

萬曆八年，神宗十八歲。在太監孫海、客用等人引誘下，常於夜間身著窄袖小衣，挾持刀仗、長街走馬。經慈聖太后教誨、處分相關人等後，張居正亦上〈請清汰近習疏〉：

> 臣居正又親承先帝遺命，輔保聖躬，比之二臣，責任猶重。今乃徒避內外之嫌，不行直言匡救，以至皇上有此過舉，孤負先帝付託之言，萬死不足以自贖。除痛自省勵，以圖報稱外，既蒙皇上明發德音，昭示聖意，臣等此後亦不敢復以外臣自限。凡皇上起居及宮壼內事，但有所聞，即竭忠敷奏。及左右近習，有邪佞不忠，如孫海、客用者，亦不避嫌怨，必舉祖宗之法，奏請處治，仍望俯允施行。皇上亦宜仰遵聖母慈訓，痛自悔改。戒遊宴以重起居，專精神以廣胤嗣，節賞賚以省浮費，却珍玩以端好尚，親萬機以明庶政，勤講學以資治理。庶今日之誨過，不為虛言；將來之聖德，愈為光顯矣。

〔註13〕

他復認為「遠稽古訓，不若近事之可徵」、「上嘉先王，不如家法之易守」，於是屬咐儒臣將本朝《寶訓》、《實錄》副本，逐一檢閱，分類纂輯「創業艱難」、「勵精圖治」、「勤學」、「端好尚」、「戒遊俠」、「審官」、「久任」、「明賞罰」、「信詔令」、「屏異端」、「飭武備」、「御夷狄」……等計四十種，陸續進呈，並上〈請敷陳謨烈以裨聖學疏〉。〔註14〕請神宗於晨講後，再聽受解說訓錄一、二條；至於諸司如有緊要章疏，即於講後奏裁，藉以「開發聰明」、「練習政事」。

細讀這些奏摺的內容，可以感受到張居正對觀察政局的敏銳。他清楚到皇帝的角色是國運盛衰、改革成敗的關鍵；他更深刻的期盼、企圖透過「帝

〔註12〕　《張居正集》第一冊，頁307。
〔註13〕　《張居正集》第一冊，頁432～434。
〔註14〕　《張居正集》第一冊，頁437、438。

學」來「激發帝志」、來奮勵「懷忠蘊謀」之士。他認爲不論是穆宗還是神宗，只有他們的清明、奮發與信任賢臣，文武臣工才能有所展佈；一個富國強兵的大明王朝，才有可能再造、並長時維持。但諷刺的是：萬曆十年（1582）六月，張居正五十八歲病逝北京；死後一年（1583），神宗追奪他上柱國、太師官，再奪文忠諡，並斥奪第四子錦衣衛指揮張簡修爲民；死後二年（1584），抄籍張居正家、子女餓死者十餘人，長子禮部主事張敬修自縊身亡。不但盡削張居正的官銜，且奪璽書、誥命，並罪榜天下謂「當剖棺戮屍而姑免之」。其弟都指揮張居易、第二子張嗣修俱被下放充軍。〔註15〕這護守著「惓惓以恭儉仁厚，培植純一未鑿之良」的老師、「期以數年之後，主德既成，治具畢張，乃收管鑰、舉綱維而歸之於上」〔註16〕的元輔，其身後的悲慘，儼然被當成大奸鉅惡來處置、污辱；死後三十八年，也就是萬曆四十八年（1620），神宗也死了，同樣的享年五十八歲。但《明史》本紀給他的斷語，卻是：「冲齡踐阼，江陵秉政，綜核名實，國勢幾於富強。繼乃因循牽制，晏處深宮，綱紀廢弛，君臣否隔。……人主蓄疑，賢奸雜用，潰敗決裂，不可振救。故論者謂明之亡，實亡於神宗，豈不諒歟！」〔註17〕看來，張居正「赫然奮發帝志」的期盼是落空了。

第三節　愼擇邊吏　激勸思奮

一、論邊才

張居正〈陳六事疏〉的防虜自守之策，其中有一爲「選擇邊吏」。他以爲「良吏不專在甲科，甲科未必皆良吏」，只要清廉、實幹而試之有效者，即可就近更調，他途出身者亦行；「廉能相兼」是上選，不能兼則以操守爲先。並舉廣東盜匪之起「始皆貪吏利其賄」以致滋蔓。〔註18〕他認爲嘉、隆以來，監、司、撫、按取受不嚴、交際太多、費用太泛，是一項長期的官場積弊。他以此爲鑑，從自己開始，早夜檢點「惟以正己格物之道，有所未盡是懼」；並表示自主政以來，私宅不見一客，非公事不通私書，門巷闃然「殆

〔註15〕《新校明通鑑》卷67，頁2637；卷68，頁2645、2653、2654、2656。
〔註16〕《張居正集》第二冊，頁430，萬曆1年〈與李太僕漸菴論治體〉。
〔註17〕《明史》卷21，頁293～295。
〔註18〕《張居正集》第二冊，頁160，萬曆4年〈答兩廣李蟠峰〉。

如僧舍」，雖親戚故舊、交際常禮一切屛絕，所卻諸公之餽，何止萬金。他希望以「飧荼茹堇」的自約，來轉移政風。且屢次擬請嚴旨「獎廉抑貪」。即使「越在萬里、沉于下僚，或身蒙訾垢、眾所指嫉」的人，若果眞賢，亦皆滌而拔之。但對急于求進，餽送厚儀、要以必從，或委託私家、竿牘頻仍者，則不予錄用。〔註19〕他「取才重廉」的論述很直接：「司道之取予不嚴，欲有司之從令，不可得矣；督、撫之取與不嚴，欲司道之從令，不可得矣。」〔註20〕

　　其次，他在論述巡撫、巡按之職掌功能時，是即意謂著二職之任者，所應具備的才能與職務要求：

　　　　竊謂撫、按職掌不同，政體亦異。振舉綱維、察舉奸弊、摘發幽隱、
　　　　繩糾貪殘，如疾風迅雷一過而不留者，巡按之職也；措處錢糧、調
　　　　停賦役、整飭武備、撫安軍民，如高山大河，奠潤一方而無壅者，
　　　　巡撫之職也。〔註21〕

巡按之要，在摘奸發伏；巡撫之責，在奠潤一方。彼此應各舉其職，不得侵越。否則，下司觀望，不知所守，以致政惠不彰，國事不舉。尤其是，那些「違道以干譽」、「徇情以養交」，如嘉靖間周如斗〔註22〕者，更是他譏刺與避之的對象。

　　論及邊才，他說宣、大二鎮總督陳其學「寬洪持重」、宣府巡撫王遴「明達敏練」、山西巡撫鄭洛「素諳邊事」；薊鎮總兵戚繼光「才略」，在今諸將中「誠爲希有」、〔註23〕總兵李成梁「忠勇可用」、〔註24〕宣府總兵馬芳「沉勇」、麻錦「智勇擔當」、大同總兵趙岢「才氣」；〔註25〕而俞大猷「老姦，志意已

〔註19〕《張居正集》第二冊，頁565，萬曆3年〈答劉虹川總憲〉。
〔註20〕《張居正集》第二冊，頁868，萬曆7年〈答兩廣劉寧齋論嚴取與〉。
〔註21〕《張居正集》第二冊，頁1051，萬曆9年〈答蘇松巡按曾公士楚言撫按職掌不同〉。
〔註22〕周如斗，浙江餘姚人，嘉靖二十六年進士。任蘇松巡按時，爲博流俗之譽，侵越巡撫之職，將應徵錢糧，概請停免。士民悅而爲建生祠，並超陞蘇松巡撫。旋以百責攷萃，不復能行寬貸之政，乃復徵前所停免逋賦。士民怨之，刊布謗書，毀其生祠。
〔註23〕《張居正集》第二冊，頁26，隆慶2年〈答薊撫劉北川〉。
〔註24〕《張居正集》第二冊，頁490，萬曆2年〈答方金湖計服三衛屬夷〉。
〔註25〕《張居正集》第二冊，頁65，隆慶3年〈答薊鎮（？大同）巡撫〉；頁478，萬曆2年〈答方金湖〉；吳廷燮《明督撫年表》上冊，（北京：中華書局1982年6月初版、第1刷），頁189。

隳，難以復用」；〔註26〕甘肅巡撫廖逢節「以節士之概，當邊闍之任，非其宜也」；〔註27〕山西撫台朱笈「病勢如此，豈可久留」；〔註28〕言及山西右參議李□則「素有清操、果於任事」，但「性氣欠平、多怒少容，所至僚友屬吏，無不怨恨。如云貪酷，恐未必然」；〔註29〕與宣大總督鄭洛論及王把總，則「頗非忠信，陰陽其間，以規重利，其所言難以盡信」。〔註30〕談到所薦兩廣某人，因事後知其「狂躁險刻、矜己凌人、不可大用」乃因其稱疾，遂而去之。綜彙之，其正評的有：總督「寬洪持重」、巡撫「明達敏練」「素諳邊情」、總兵「才略」「忠心」「智勇」與「擔當」、「沉著」；負評的有「老姦」、「志隳」、「性非所宜」、「多怒少容」、「非忠信」、「規重利」、「狂躁險刻」、「矜己凌人」以及「病勢如此」等。這也都成張居正遴擇人才的參據。只不過這些參據的引用，尚須隨著時局、地區的不同，有所變通。如萬曆三年與雲南巡撫王凝論夷情時，道：

> 滇中自嘉靖以來，屢嬰多故，其初皆起於甚微，而其禍乃至於不可解。窮荒絕徼之外，得其地不可耕也，得其民不可使也。而空費財力，以事無益，使無辜之民，肝腦塗地，不仁哉，前人之所爲乎！今仗大略撫定，造福於遠人多矣。此後惟一務安靜，嚴禁軍衛有司，貪小利、逞小怨以騷動夷情，則可以高枕臥治矣。〔註31〕

萬曆四年，與遼東巡撫張學顏論戰守：

> 公幸時時諭意李帥，大將貴能勇能怯，見可知難，乃可以建大功。
>
> 〔註32〕

萬曆九年，西北邊情一片寧靜，與宣大總督鄭洛論將才：

> 此時宣、大無警，爲將者亦不專取勇敢；撫綏士卒、繕甲治兵，必廉而愛人者，乃能得士心，備緩急。若徒以其剝下媚人、諂諛鑽刺，猥云有才，緩急寧足賴乎？〔註33〕

〔註26〕《張居正集》第二冊，頁424，萬曆1年〈與閩中巡撫劉凝齋〉。
〔註27〕《張居正集》第二冊，頁523，萬曆2年〈答甘肅巡撫侯掖川〉。
〔註28〕《張居正集》第二冊，頁478，萬曆2年〈答方金湖〉：吳廷燮《明督撫年表》上冊，頁188、189。
〔註29〕《張居正集》第二冊，頁1085，萬曆10年春〈答巡撫吳定公（？）〉。
〔註30〕《張居正集》第二冊，頁967，萬曆8年〈答宣大總督鄭範溪〉。
〔註31〕《張居正集》第二冊，頁553，〈答滇撫王毅菴論夷情戒多事〉。
〔註32〕《張居正集》第二冊，頁619，〈答遼東巡撫張心齋計戰守邊將〉。
〔註33〕《張居正集》第二冊，頁979，〈答宣大總督鄭洛〉。

二、爲國選才

選才須看「行能」，也就是所謂「執行力」的問題。要甄別有無執行力，惟在「試之而責其成功」，不能「徇於虛名」或「求其高調」。〔註34〕就此，張居正於萬曆八年答布政使賀邦泰的函中，有進一步的陳述：

> 夫人才難知，知人固未易也。不穀平日無他長，惟不以毀譽爲用舍。其所拔識，或出於杯酒談笑；或望其豐神意態；或平生未識一面，徒察其行事而得之。皆虛心而獨鑒，匪借人言。故有已躋通顯，而人終身不知者。如公所言，咸冀援於眾力、借譽於先容。若而人者，焉足以得國士？而士亦孰肯爲之用哉！〔註35〕

爲了遴覓「肯爲之用」的「國士」，他「不冀援於眾力」、「不借譽於先容」。不論是否認識，他「虛心獨鑒」、「匪借人言」。一旦發現才品卓犖之士，即「貯之囊中，次第用之」。〔註36〕嘗謂：以「一念爲國之公」，自當事以來，即諄諄告意吏部，無問親故鄉黨、無計所作過錯，只要「能辦」國家之事，即舉而錄之。〔註37〕渠所保護、引拔者，豈只數十百人。〔註38〕並曾爲不得任事之才而憂慮，〔註39〕如萬曆元年，大同總兵馬芳因案被劾當罷，他不但苦其無可代之者，亦且深感無奈！〔註40〕他的薦賢，本以爲國，任之者如果不能「殫乃心」、「任乃事」，即必予譴之、甚而除之。對於「既用我，又何疏我？何不終庇我？」等流俗之見，則置之不恤。他說：

> 僕於天下賢者，非敢妄爲知己也，而人謬以知己相待。嗟乎！使誠以僕爲知己也，則古之義士所以酬知己者，蓋必有道矣，豈在區區禮文之間哉？且聖人論人，與其進不與其退。蕭相國以韓信爲賢則追之，後見負漢則除之，凡以爲公而已。豈一經薦拔，遂盡保其平生哉！〔註41〕

大哉斯言，證之所舉九邊〔註42〕國士：薊遼總督，先後有譚綸、劉應節、

〔註34〕《張居正集》第二冊，頁809，萬曆7年〈答福建巡撫耿楚侗言治術〉。
〔註35〕《張居正集》第二冊，頁905。
〔註36〕《張居正集》第二冊，頁876，萬曆7年〈答福建巡撫耿楚侗〉。
〔註37〕《張居正集》第二冊，頁395，萬曆1年〈答同卿李漸菴論用人才〉。
〔註38〕《張居正集》第二冊，頁703，萬曆5年〈答戶部王疏菴〉。
〔註39〕《張居正集》第二冊，頁547，萬曆3年〈答河道徐鳳竹〉。
〔註40〕《張居正集》第二冊，頁357，〈答司馬吳堯山〉。
〔註41〕《張居正集》第二冊，頁968，萬曆8年〈答張巡撫濠濱言士稱知己〉。
〔註42〕魏煥〈九邊考〉：計遼東鎮、薊州鎮、宣府鎮、大同鎮、山西鎮、延綏鎮、寧

楊兆、梁夢龍、吳兌；順天巡撫，歷有楊兆、王一鶚、陳道基、張夢鯉、吳兌；遼東巡撫，張學顏、周詠；宣大總督，王崇古、方逢時、吳兌、鄭洛；宣府巡撫，吳兌、王一鶚、張佳胤、蕭大亨；大同巡撫，鄭洛、賈應元；山西巡撫，鄭洛、高文薦、辛應乾；陝西三邊總督，石茂華、郜光先、高文薦；陝西巡撫，郜光先、董世彥、傅希摯、張佳胤、李堯德、 ；延綏巡撫，張守中、宋守約、王汝梅；寧夏巡撫，羅鳳翔、蕭大亨；甘肅巡撫，侯東萊、張夢鯉。〔註43〕總兵方面則：薊鎮戚繼光、遼東李成梁、宣大馬芳、趙岢、麻錦。至於兩廣總督殷正茂、凌雲翼、四川巡撫曾省吾、福建巡撫劉堯誨等，亦皆一時之選。斯時，人人競奮、思得一當。於是，乃有薊鎮「磐固京師」之功、遼東「摧敗蠻夷」之威、西北「俺答就羈」之和，與西南、兩廣的蕩定，繼而奠成「萬初之治」。〔註44〕其得力於「擇才」之見，與「為國薦賢」之行，實不可小覷。

三、善用以奮士心

《明史》稱張居正喜建樹，善知人，能以智術馭下，人多樂為之盡。〔註45〕細考他致予諸邊督撫、將帥書牘，所謂「人多樂為之盡」應屬可信；惟「以智術馭下」之說，則未必全然。如〈答中丞谷近滄〉：「近來考課不精，吏治日弊，去歲曾一疏陳之。而人皆溺於故常，務為姑息以悅下，……方今幹蠱之時，非加意綜覈，不足以振弊維風。」〔註46〕這是「務實」；〈與殷石汀經略廣賊〉：「今當申嚴將令，調益生兵，大事芟除，見賊即殺，勿復問其向背。諸文武將吏有不用命者，宜照敕書，悉以軍法從事，斬首以徇。」〔註47〕論遼陽副總兵曹簠兵敗長安堡則：「若曹簠之輕躁寡謀，免死為幸，亦宜重懲，勿事姑息也。」〔註48〕這是「教示」與「嚴法」；居正固有權智，乃即此三者，

夏鎮、陝西鎮、甘肅鎮，合稱九邊。引自孟森等《明代邊防》（臺北：臺灣學生書局1968年4月，初版），頁100、101。

〔註43〕《明督撫年表》頁5、6、37、38、66、67、110、111、138、139、164、165、189、190、210、211、238、239、264、265、288、289、312、507、587、662、663。

〔註44〕《明史》卷21，頁294：「贊曰：神宗沖齡踐阼，江陵秉政，綜核名實，國勢幾於富強。」為便表敘，稱曰「萬初之治」。

〔註45〕《明史》卷213，頁5646。

〔註46〕《張居正集》第二冊，頁95，隆慶3年。

〔註47〕《張居正集》第二冊，頁435，萬曆1年。

〔註48〕《張居正集》第二冊，頁1034，萬曆9年〈答薊遼吳環洲〉。

已足反詰其以「智術馭下」之說的偏頗。何況「治體用剛論」中，他說，當大過之時，爲大過之事，雖有過剛之病，但不如是，不足以定傾安國。自當事以來「開眾正之路」、「杜群枉之門」，一切以「尊主庇民」、「振舉頹廢」爲務，故不得不重處一二人，以定國是，以一人心。而其要在「安國家、定社稷」，怨仇何足恤乎！並言：「使吾爲劊子手，吾亦不離法場而證菩提。」「高崗虎方怒，深林蟒正嗔，世無迷路客，終是不傷人。」〔註49〕如是的「用剛謀國」，如是的「烈士情懷」，如是的「以天下安危爲己任」，其應之於擇士用帥、籌邊定計，威行所至，孰人不凜，孰敢玩慢！

居正在「用剛」的治體上，亦適切的展現出「優假」、「保護」、「期勉」與「授權」的「將將之道」。而這些正是隆慶二年，他在〈陳六事疏〉裡所揭櫫的主張：「懸重賞以勸有功，寬文法以伸將權」。〔註50〕惟亦渠在「用剛」的酷寒下，陽光才更顯溫暖、梅花才競相怒放，而「人樂爲之盡」也才有個落處。茲將相關牘文逐錄如次，以爲證例：

其一、優假、信任與保護

與薊遼總督譚綸談戚繼光：

隆慶二年〈與薊遼總督譚二華〉，期於常禮之外，少加優借、鼓舞：

> 近日處分戚帥，誠出下策，然非得已也。……且事權歸一，法令易行。兵不遠索，浮議自省。假之以便宜，需之以歲月，薊鎮之事亦未必不可振也。但以總理體面，比之鎮守爲優。今既易銜，則上下承接，自有常分。用之雖重，而禮則少損矣。昨本兵題覆，慮不即此。不知公議疏中，亦可爲一處否？如不可處，則於常禮之外，少加優借以鼓舞之。〔註51〕

隆慶三年〈與薊遼總督〉，謂國之爪牙，不少優假，無以得其死力：

> 向有人告僕云，戚帥求望太過、志意太侈，雖公亦甚苦之，故僕以爲問。今奉來教，知昔之所怏怏者，徒以削其總理舊銜耳。今既力爲光復，更將何求？近屢得渠稟帖，極爲感奮，頗務收拾人心，漸圖實事。仍望公時時教督之。雖然，僕何私於戚哉！獨以此輩，國之爪牙，不少優假，無以得其死力。今西北諸將如趙、馬輩，僕亦

〔註49〕《張居正集》第二冊，頁581、582，萬曆4年〈答奉常陸五臺論治體用剛〉。
〔註50〕《張居正集》第一冊〈陳六事疏〉頁9。
〔註51〕《張居正集》第二冊，頁30，隆慶2年〈與薊遼總督譚二華〉。

曲意厚撫之，凡皆以爲國家耳。縷縷之忠，惟天可鑒。若此輩不爲
國家盡力，是負天矣。〔註52〕

同年〈與薊遼督撫譚綸〉，言請保護戚帥，以利其展布薊鎮邊防：

> 近巡關訪挈南兵，聞其事已往，且經戚帥重治，又何爲苛求如此？
> 聞該道誤信一二屬官之譖，多方羅織，務在挫辱之，使不得有爲。
> 果爾，薊事終無可振之日矣。望公與撫臺曲爲一處，庶闖外之事得
> 少展布也。〔註53〕

與其他對象者：

隆慶六年〈答巡漕張懷洲〉，談漕運總督王宗沐，海路運米天津十二萬石，
雖八舟沉沒，損失三千餘石，然其才可倚，未可深責：

> 王君（漕運總督王宗沐）銳意任事，而頗有好功之病。海運初開，
> 小有失損，無害大計，何必諱言處補乎？然其才足倚，未可深責也。
> 〔註54〕

隆慶六年〈與河道萬巡撫論河漕兼及時政〉，言保薦賢能、不避嫌怨：

> 夫人臣能具誠擔任，國之寶也。使僕苟可以薦達之，保護之，即
> 蒙嫌樹怨，亦所不避。但願天下士大夫，共體此懷，無負朝廷耳。
> 〔註55〕

萬曆二年〈答殷石汀言宜終功名答知遇〉，對兩廣總督殷正茂，信之彌堅，
許以便宜從事：

> 僕自去歲，曾面奏主上曰：「今南北督撫諸臣，皆臣所選用，能爲
> 國家盡忠任事者，宜加信任，勿聽浮言苛求，使不得展布。」主
> 上深以爲然，且獎諭云：「先生公忠爲國，用人豈有不當者。」自
> 公當事以來，一切許以便宜從事，雖毀言日至，而屬任日堅。然
> 僕所以敢冒險違眾而不顧者，亦恃主上之見信耳。主上信僕，故
> 亦信公。〔註56〕

其二、勵能勉功

隆慶二年〈答巡撫楊二山〉，讚山西巡撫楊巍，視人之善，如己之善，襟

〔註52〕《張居正集》第二冊，頁50，隆慶3年〈與薊遼督撫〉。
〔註53〕《張居正集》第二冊，頁72，隆慶3年，原題銜爲〈與薊遼督撫王鑑川〉疑誤。
〔註54〕《張居正集》第二冊，頁334。
〔註55〕《張居正集》第二冊，頁341。
〔註56〕《張居正集》第二冊，頁475，萬曆2年。

度恢闊：

> 徐君條議馬政，鑿鑿可行。而公止據原議，輒予轉聞，略無增損。
> 視人之善如己之善，此尤見公之襟度恢闊。〔註57〕

隆慶三年〈答廣東巡撫熊近湖〉，盼勉廣東巡撫熊桴，克終善成，勿引病辭職：

> 茲辱翰示，欲以貴恙引去，大失鄙望。炎荒勠勷，使公獨勞，僕輩亦何嘗不以為念！但善作貴於善成，克終乃為有始。萬一代公者不得其人，致墮前功，則公之盛美，毋乃亦有缺乎？〔註58〕

隆慶四年初〈答方巡撫金湖〉，稱大同巡撫方逢時，正人登顯，國家之幸：

> 惟丈雅望雄才，久困鹽駟。茲者諸公之舉，實出輿議之允。正人登顯，國家之幸也。〔註59〕

隆慶四年〈答宣大總督王鑑川論薊邊五患〉，盼宣大總督王崇古，以非常之人，成非常之功：

> 夫世必有非常之人，然後有非常之事；有非常之事，然後有非常之功，公所謂非常之人也。〔註60〕

萬曆元年〈答兩廣總督殷石汀〉，推崇兩廣總督殷正茂，蕩平廣東惠州一帶藍一清、賴元爵亂事之雄略：

> 惠賊斬馘至萬，諸賊當已破膽，可次第就戮矣。大功克就，嶺表輯寧，朝士大夫始服公之雄略，而信僕知人之明。〔註61〕

萬曆元年〈答總憲張崐崍〉，勉勵張佳胤，應以雋才取旂常、勒鐘鼎：

> 惟公雋才厚蓄，又富於春秋，不以此時取旂常，勒鐘鼎，乃顧戀庭闈，忘在公之義，非所望也。茲屬休明之會，方招遺佚於蒭蕘，寧肯縱鸞鶴於雲林？而雅志必不得遂。願勉奉簡書，以徇國事。〔註62〕

萬曆元年〈與蜀撫曾碻庵計剿都蠻之始〉，與四川巡撫曾省吾，惕勉總兵劉顯立功贖罪：

> 用兵之道，全在將得其人。前承教，謂劉顯足辦此事。昨科中用閩

〔註57〕《張居正集》第二冊，頁21，題銜〈答司馬楊二山〉誤。
〔註58〕《張居正集》第二冊，頁105。題銜〈答兩廣總督熊近湖〉誤。
〔註59〕《張居正集》第二冊，頁109。
〔註60〕《張居正集》第二冊，頁144。
〔註61〕《張居正集》第二冊，頁374。
〔註62〕《張居正集》第二冊，頁402。

事論之，鄙意以蜀征方始，不宜輕易大將，……若其人果可用，不妨特疏留之，立功贖罪；如不可用，則當別授能者。公宜以此意明示劉顯，俾鼓舞奮勵。如玩寇無功，必將前罪併論誅之，不敢庇也。〔註63〕

萬曆三年〈答浙撫謝松屏言防倭〉，激勉浙江巡撫謝鵬舉，信其才、期其功：

浙無倭患久矣，一旦聯舟突犯，必有勾引之姦。……浙人咸云：「謝公非用武才，恐不能了此事。」僕曰：「不然，謝公沉毅有遠慮，賊不足患也。」願公勉就勳庸，以副鄙望。〔註64〕

萬曆九年〈答巡撫張崐崍計虜酋鈐束其支屬〉、〈答宣府張崐崍〉，稱許總兵麻錦當以功賞：

麻帥素稱智勇，若能擒此虜，當以斬馘之功賞之。

麻帥力量擔當，足稱專閫之寄，會間宜一獎之，俾益感奮。〔註65〕

其三、授權展布

萬曆元年〈答吳環州〉，對宣府巡撫吳兌表示，一切更置，不從中撓：

頃吳司馬復命，覈三鎮修守之功，以公為舉首，誠為確論。……主上既以鎖鑰付之諸公，一切更置，不從中撓，然任之愈重，望之愈殷矣。〔註66〕

萬曆二年〈答甘肅巡撫侯掖川〉，言閫外之議，悉假便宜，不從中制：

今英主御極，名實之辨，較若黑白；閫外之議，悉假便宜，不從中制。智者不以此時取旂常鐘鼎，更復何俟。〔註67〕

萬曆三年〈答甘肅巡撫侯掖川〉，再云，中有難遙度者，希自以便宜行之：

甘肅開市，已奉諭旨，悉如所議。其中有難遙度者，公自以便宜行之。務令事久，邊境獲安而已。市場似宜稍西，去西寧太近，則啓賓兔龔斷之心；去我邊太遠，則迂邊民交易之路。春市虜馬瘦弱，強為之市，終不便也。〔註68〕

〔註63〕《張居正集》第二冊，頁358。
〔註64〕《張居正集》第二冊，頁531。
〔註65〕《張居正集》第二冊，頁1028、1070。
〔註66〕《張居正集》第二冊，頁390。
〔註67〕《張居正集》第二冊，頁523。
〔註68〕《張居正集》第二冊，頁554。

萬曆七年〈答兩廣劉凝齋言賊情軍情民情〉，對兩廣總督劉堯誨言，五嶺以南盡以付之，不從中制：

夫天下未有一舉百當，絕無後艱者。譬如芟草，鉏鉏既過根芽再萌，惟旋生旋除之耳。……甲冑之士喜言征討，閭閻之間又苦調發。惟公熟計而審圖之。五嶺以南，盡以付公，不從中制。或以威服，或以德懷，在公必有勝筭。〔註69〕

〔註69〕《張居正集》第二冊，頁835、836。

第四章　節約裁冗　邊用爲重

第一節　邊餉日增　內帑絀乏

　　明嘉隆期間，由於北疆兵禍不絕，導致邊費軍餉日增，國庫匱虛。但查《明通鑑》所載，嘉靖八年六月，尚書李時稟覆世宗：太倉庫所積存的銀兩可支數年，「由陛下初年詔書，裁革冗員所致」。上慨然曰：「此楊廷和功，不可沒也。」〔註1〕顯示當時國庫尚屬充裕。一直到嘉靖二十一年的正月，第一筆「軍需匱乏」的資料才出現：「戊子，吏部尚書許讚，以邊報屢警、軍需匱乏，請發內帑、借百官俸，並解山東、河南各贓罰以濟軍需。」〔註2〕這或許尚只能顯示「挪用窘絀」的情形而已。但從嘉靖三十七年，兵科給事中劉體乾〈革冗員、清冗費〉之疏中，卻可說明當時的國庫已然虛絀：「又聞光祿庫中，自嘉靖改元至十五年，積至80萬。自二十一年以後，供億日增，餘額頓盡。」〔註3〕也就是說，從嘉靖二十一年開始，明政府的財政危機完全暴露了。二十三年，又以大同軍餉支用不足，敕戶部「預發明年年例銀六萬兩，以補官軍月餉之需」。〔註4〕二十八年八月的財政狀況，更演變到「是時邊供繁費，加以土木禱祠之役，月無虛日。帑藏匱竭，司農百計生財，甚變賣寺田、收贖軍罪，猶不能給，乃遣部使者括逋賦」，而致百姓嗸嗸、海內騷動的局面。當時戶部作了個分析：

〔註1〕　《新校明通鑑》卷54，頁2039。
〔註2〕　《新校明通鑑》卷58，頁2185。
〔註3〕　《新校明通鑑》卷61，頁2376。
〔註4〕　《新校明通鑑》卷58，頁2211。

天下財賦，每年實徵起存之例，夏稅、秋糧、馬草、屯田、地租、食鹽、錢鈔、稅課、鹽課、門攤之類，各有定數。成化以前，各邊寧謐，百費省約，一歲所出，沛然有餘。今則不然，京、通倉糧歲入三百七十萬石，嘉靖十年以前，每歲軍匠支米二百八十萬石，廩中常餘八九年之積。十年以後，歲支加至五百三十七萬石，抵今所儲僅餘四年。太倉銀庫歲入二百萬兩，先年各邊額用，一年大約所出一百三十三萬，常餘六十七萬。嘉靖八年以前，内庫積有四百餘萬，外庫積有一百餘萬。近歲來，除進用、修邊、給賞、賑災諸項外，一年大約所出三百四十七萬，視之歲入，常多一百四十七萬。及今不為之所，年復一年，將至不可措手矣。〔註5〕

次年八月，戶部尚書李士翱以各營軍餉不能即時供給被罷劾。〔註6〕三十年，戶部再統計京師及邊防歲用已達 595 萬，較之二十八年的 347 萬多出 248 萬，約 71.5%。這個數目不小，尚書孫應奎束手無策，於是議請於南畿、浙江等州縣、增賦 120 萬，開始了加派稅賦以應歲需的措施。〔註7〕到了嘉靖三十七年二月，大同右衛告警，當時帑藏空虛，賦入太倉者僅 7 萬，帑儲大較不及 10 萬，明世宗深以為憂。而戶部覆行各司理財事宜者二十九項「率瑣碎非國體」，不得已，乃建行「追宿逋、增賦額」，民遂大困。〔註8〕

這種内帑絀乏的情形，一直延續到隆慶年間。戶部尚書馬森於隆慶元年，奏覆穆宗：

太倉銀庫歲入僅二百一萬有奇，歲支在京俸祿糧草一百三十五萬有奇，邊餉二百三十六萬有奇，各省常賦、諸邊民運今年詔蠲其半，以出入較之，共少三百九十五萬有奇。昔謂國無三年之蓄，國非其國。今查京、通二倉之粟七百餘萬石，以各衛官軍月糧計之，僅支二年。歲漕四百萬石内，除撥薊鎮密運、班軍、行糧外，實入二倉者三百四十九萬。……欲為三年之蓄不可得，況六年、九年乎？〔註9〕

〔註5〕 《新校明通鑑》卷 59，頁 2258。
〔註6〕 《新校明通鑑》卷 59，頁 2272。
〔註7〕 《新校明通鑑》卷 60，頁 2290。
〔註8〕 《新校明通鑑》卷 61，頁 2373、2375。
〔註9〕 明徐學聚《國朝典彙》卷 102，（北京：書目文獻出版社，1996 年 1 版、1 刷），頁 1338。

這裡的歲支不足 395 萬兩，如何計算？不清楚。但可以確定的是：當時，剛登基的穆宗聽後大駭。張居正於隆慶二年的〈陳六事疏〉裡，亦有類似的陳述：

> 恭惟皇上嗣登大寶，首下蠲恤之詔，黎元忻忻，方切更生。獨昨歲以元年蠲賦一半，國用不足，又邊費重大，內帑空乏。不得已，差四御史分道督賦，三督都御史清理屯鹽，皆一時權宜，以佐國用之急，而人遂有苦其搜括者。〔註10〕

同年的〈請停取銀兩疏〉更說到：

> 臣等看得：祖宗朝國用、邊餉俱有定額，各處庫藏尚有贏餘。自嘉靖二十九年，虜犯京師之後，邊費日增，各處添兵添馬，修堡修城，年例犒賞之費，比之先朝，數幾百倍，奏討請求，殆無虛日。加以水旱災傷，百姓徵納不前，庫藏搜括已盡。……臣等備查御覽揭帖，計每歲所入，……不過二百五十餘萬，而一歲支放之數，乃至四百餘萬，每年尚少銀一百五十餘萬，無從措處。生民之骨血已罄，國用之廣出無經。臣等日夜憂惶，計無所出。〔註11〕

其中所稱「邊費重大，內帑空乏」、「生民之骨血已罄，國用之廣出無經」，以及「臣等日夜憂惶，計無所出。」是何其沉重。次年（隆慶三年），他給右僉都御史總理九邊屯鹽的龐尚鵬信中，再度提道：

> 今邊費日增，計每歲所入之數，尚少銀百四十萬兩。民力已竭，費出無由；日夜憂之，不知所出。奈何奈何！〔註12〕

這又是何其無力之感歎！

第二節　節約政策

　　面對嘉、隆二朝國庫短絀的財政危機，當道有司多所建策，如嘉靖二十一年吏部尚書許讚的「括富民之財、開鬻爵之令」與「開餘鹽以足邊用」論〔註13〕、戶部尚書李如圭的「鹽法四事」〔註14〕；二十八年戶部議令有司及

〔註10〕《張居正集》第一冊，頁7～8。
〔註11〕《張居正集》第一冊，頁41。
〔註12〕《張居正集》第二冊，頁52。
〔註13〕《新校明通鑑》卷58，頁2185～2186；《明史》志第56，食貨四，頁1941。
〔註14〕同註13，鹽法四事：「一革餘鹽；一禁權勢囑託及占窩買賣之弊；一商人報中

各邊「歲修會計錄」以利「節財助邊」〔註15〕；三十年的增賦加派〔註16〕；三十七年兵科給事中劉體乾〔註17〕的「去害以豐財」〔註18〕等。同樣的，儘管張居正在入閣的頭二、三年，亦曾因國庫困絀的問題，幾度慨嘆「民力已竭，費出無由」且「日夜憂惶，計無所出」。而劉體乾「去冗費」的思想，基本上更是居正一貫的主張，他認為「天地生財自有定數，取之有制，用之有節則裕；取之無制，用之無節則乏」〔註19〕、「設法巧取，不能增多，惟加意撙節，則其用自足」，〔註20〕並舉唐代宗時，李抱真雄視山東之例，強調「省財用」的大效。〔註21〕不僅朝廷大臣，應該「倡之以儉，視之以禮；宏晏子狐裘之節，覽詩人羔羊之詠」以為群僚百官典範，易移侈靡之風：

嘉靖三十三年〈謝病別徐存齋相公〉

公孫弘有言：「人主病不廣大，人臣病不節儉。」身為漢相，脫粟布被，良史稱之。夫京師，四方之極；大臣，庶民之表也。自頃內外用竭，習尚侈靡。貧者裋褐不完，而在位者或婢妾衣紈綺；百姓藜藿不飽，而在位者或廝養厭粱肉。此損下益上之尤者也。誠宜倡之以儉，視之以禮。宏晏子狐裘之節，覽詩人羔羊之詠，庶儀刑百辟，易移侈俗也。〔註22〕

而位居天子，當民窮財盡之時，更應矯往過正、痛加省節：

俱置印信簿籍，行各邊郎中或巡撫收掌收納；一各邊急缺糧草者，方令商人上納，其孤城遠堡，不得以兌支為名，致多侵冒。」

〔註15〕《新校明通鑑》卷59，頁2258〜2259。

〔註16〕《新校明通鑑》卷60，頁2290。

〔註17〕《明史》卷1214，列傳第102，頁5661〜5664：劉體乾，字子元，東安人。嘉靖二十三年進士，歷仕行人、兵科給事中、左給事中，累官通政使、刑部左侍郎、戶部左侍郎、總督倉場；隆慶初，進南京戶部尚書、戶部尚書。清勁有執，忤帝奪官。神宗即位，起南京兵部尚書；萬曆二年致仕，卒贈太子少保：《張居正集》第二冊，頁310：張居正〈答司馬劉清癯〉盼劉速就南京兵部尚書新職：「惟公昔在計曹，以守正不悅於時宰，致忤於中貴，士論每為惋憤。茲當朝政更新，首蒙簡用，從人望也。願遄發征帆，以慰惓惓。」

〔註18〕《新校明通鑑》卷61，頁2375〜2376。

〔註19〕《張居正集》第一冊，頁498。

〔註20〕《張居正集》第一冊，頁386。

〔註21〕《張居正集》第二冊，頁1278。

〔註22〕《張居正集》第二冊，頁1256。

隆慶二年〈陳六事疏〉

> 仰惟皇上即位已來，凡諸齋醮、土木、淫侈之費，悉行停革，雖大
> 禹之克勤克儉不是過矣。然臣卻以爲，矯往者必過其正，當民窮財
> 盡之時，若不痛加省節，恐不能救也。伏望皇上軫念民窮，加惠邦
> 本。于凡不急工程，無益徵辦，一切停免，敦尚儉素，以爲天下先。
> 〔註23〕

即使到了萬曆四年，在勵精圖治之下，京師、通州二倉米糧已足支七、八年，且太倉銀庫亦有了積額。張居正依然不放鬆的，於萬曆七年上言曰：「古者王制，以歲終制國用，量入以爲出。計三年所入，必積有一年之餘，而後可以待非常之事，無匱乏之虞。」以及「務使歲入之數，常多於所出」；〔註24〕萬曆九年，已然「正賦不虧、府庫充實」，他照樣奏請神宗，加意撙節用度與賞賚。〔註25〕由此可知「節約裕國」的思想，在張居正心中是何等的分量。在他入閣的十六年間，爲了落實這個政策，曾經建請皇上「停取太倉銀兩」、「停止殿工」、「罷減織造、採辦」等如次：

一、停取太倉銀兩

有關皇帝徵取太倉國庫銀兩的資料，經查談遷《國榷》所載各條，逐錄〔註26〕如下：

隆慶三年四月	徵太倉三十萬金，戶部尚書劉體乾言其匱，不聽。閣部科道各沮之，諭進十萬金。
七月	徵光祿寺二十萬金，寺臣言庫僅十五萬，命以十萬進。部科各爭之，不聽。
隆慶四年正月	內承運庫太監，傳空札徵戶部十萬金。尚書劉體乾奏：下片紙、不姓名、不印，安知眞僞？給事中劉繼文亦言之，上命如前旨。
隆慶六年二月	徵太倉十萬兩。

〔註23〕《張居正集》第一冊，頁8。
〔註24〕《張居正集》第一冊，頁385、386。
〔註25〕《張居正集》第一冊，頁452。
〔註26〕《國榷》卷66、67、70、71，頁4107、4112、4123、4177、4183、4344、4375、4389。

四月　　　　　徵戶部十萬金。

萬曆七年三月　徵光祿寺十萬金。張居正等言：臣等不敢抗違，然財
　　　　　　　賦有限，費用無窮，積貯空虛，民膏罄竭，不幸有四
　　　　　　　方水旱之災，疆場意外之變，可爲寒心。此後望痛加
　　　　　　　撙節，若再徵，臣等不敢奉詔矣。

萬曆八年十一月　徵戶部、光祿寺各十萬金。戶部言，溢取非制且悖明
　　　　　　　旨，上從之。命光祿寺進十五萬金。給事中郝維喬、
　　　　　　　蔡時新、張鼎思等各章請停，不報。

萬曆九年四月　戶部以外進金花銀不敷，宮費太濫，乞加意撙節、停
　　　　　　　買辦，庶復舊額。上不聽，以午節近，暫以太倉銀庫
　　　　　　　抵進。

　　歸納這些資料，穆宗徵取外庫帑金計有五次，官僚阻勸三次（不聽二次、
折衷一次）；神宗徵取、抵進計三次，官僚提醒一次、阻勸二次（不聽一次、
折衷一次）。其中張居正明顯出列的，除上舉萬曆七年三月，所展現的決心「若
再徵，臣等不敢奉詔矣」一次外；尚有隆慶三年四月，穆宗欲徵太倉銀 30 萬
兩的一次。他在戶部尚書劉體乾奏阻無效後，隨即跟上疏勸，最後皇帝同意
減爲 10 萬：

　　臣等看得：祖宗朝國用、邊餉俱有定額，各處庫藏尚有贏餘。自嘉
　　靖二十九年，虜犯京師之後，邊費日增，各處添兵添馬，修堡修城，
　　年例犒賞之費，比之先朝，數幾百倍，奏討請求，殆無虛日。加以
　　水旱災傷，百姓徵納不前，庫藏搜括已盡。……伏願皇上俯從該部
　　之言，將前項銀兩免行取進。仍望念國儲之日乏，懷儉德之永圖，
　　節賞賚以省財用，停買辦以寬民力。如上供之費，有不可已者，照
　　祖宗舊制，止於內庫取用。至於該部所儲，專以備軍國重大之費，
　　庶國可以漸裕，而民力可以少甦也。〔註27〕

　　此外，以張居正這種嚴細、深沉、機警、多智術而勇於任事、多咨詢而
強於貫徹的秉賦與做法〔註28〕，以及「既已身荷重任，義當直道正言，期上

〔註27〕《張居正集》第一冊，頁 41～42；《國榷》卷 66，頁 4107，該書事繫隆慶三
　　　　年，與前集注事繫隆慶二年有異。

〔註28〕《國榷》卷 71，頁 4399、4414。

不負天子，下不負所學」〔註29〕的自我期許；再參以他嘗有指授親近部屬，如薊遼總督譚綸等，於議疏中「代寓其意」〔註30〕的作法，我們有理由作這樣判斷：戶部的疏勸，事前當有與他溝通、商量過，甚且也有可能是張居正在背後指授的。如此的推論，自可適用在下述的「停止宮殿興建」「罷減織造」與「裁減機關、冗員」等各項上。

二、停止宮殿興建

在勸止內殿工程方面，條列〔註31〕如次：

隆慶二年九月　少傅工部尚書雷禮言，錢糧奉詔節省。太監滕祥仍橫索不已，近傳造櫥櫃、樂器，自加微巨萬。大木圍一丈、長四丈以上，任意斬截，用違其材。臣力不能爭，乞早賜罷。上不懌，予致仕。

萬曆二年四月　慈聖皇太后發三千金，建涿州聖母廟，工部阻之，不聽。

萬曆五年五月　諭修慈慶、慈寧兩宮。張居正言兩宮始萬曆二年即落成，今壯麗如故，乃欲壞其已成，更加藻飾，非所急也，請輟工。從之。

萬曆九年正月　諭修武英殿。張居正等言，殿自宣德、正統後，久不臨御。世宗皇帝初修文華殿，易黃瓦。凡齋居、經筵、召對多於此。請仍舊貫，免浮費。從之。

這其中，隆慶二年九月的營造勸阻案，皇帝不悅、大臣請辭，當時內閣首輔爲李春芳；萬曆五年與九年的兩個修繕案，則因張居正的反對，而胎死腹中。

我們再回首統計一下，史稱「御極之初，力除一切弊政，天下翕然稱治」

〔註29〕《張居正集》第二冊，頁38〈答奉常羅月巖〉。
〔註30〕《張居正集》第二冊，頁30〈與薊遼總督譚二華〉：近日處分戍帥，誠出下策，然非得已也。……但以總理體面，比之鎮守爲優。今既易銜，則上下承接，自有常分，用之雖重，而禮則少損矣。昨本兵題覆，慮不即此，不知公議疏中，亦可爲一處否？如不可處，則於常禮之外，少加優借以鼓舞之。
〔註31〕《國榷》卷65，頁4096；卷69，頁4245；卷70，頁4312；卷71，頁4379。

〔註32〕的嘉靖朝前十年，其內廷宮殿的營建修繕案件，共有 12 案；而其於府藏告匱的嘉靖後十年（三十六至四十五年）則高達 42 案；隆慶一朝，在短短的六年內，也有 28 案，當時的首輔，先後爲徐階、李春芳、高拱。但由張居正主政的萬曆前十年，也不過才 4 案；〔註33〕其中一案，還只算是添造慈寧宮接檐披房的小工程而已。從這四段期間的比較，即可彰顯出張居正的節約政策，確然已對皇廷發揮了相當的約制作用。如再參照他〈請停止內工疏〉〔註34〕與〈請停止工程疏〉〔註35〕的論述，將更能感受到他這股強大的政局影響力，與合情合理的說服力：

萬曆五年五月〈請停止內工疏〉

> 該文書官邱得用口傳聖旨：「慈慶、慈寧兩宮，著該衙門修理見新，只作迎面。欽此。」臣等再三商榷，未敢即便傳行。竊惟治國之道，節用爲先；耗財之原，工作爲大。然亦有不容已者：或居處未寧，規制當備；或歷歲已久，敝壞當新。此事之不容已者也。於不容已者而已之，謂之陋；於其可已而不已，謂之侈。二者皆非也。……今查慈慶、慈寧俱以萬曆二年興工，本年告完。……彩絢輝煌之狀，竊以爲天宮月宇，不是過矣！今未踰三年，壯麗如故，乃欲壞其已成，更加藻飾，是豈規制有未備乎？抑亦敗壞所當新乎？此事之可已者也。況昨該部、該科，屢以工役繁興，用度不給爲言。已奉明旨：「以後不急工程一切停止。」今無端又興此役，是明旨不信於人，……今事在可已，因此省一分，則百姓受一分之賜。使天下黎民，萬口同聲，祝聖母之萬壽，亦所以成皇上之大孝也。伏望聖慈，俯鑒愚忠，將前項工程暫行停止，俟數年之後，稍有敝壞，然後重修未晚。

萬曆九年〈請停止工程疏〉

> 該文書官田義，傳奉聖諭：「欲修理武英殿。欽此。」……今武英殿乃祖宗久不臨御之所，即加修理，聖駕未必常到。而徒費十餘萬之貲，經營於不常到之地，似爲無益。且臣等亦曾至本殿，觀其藻飾

〔註32〕《明史》卷 18，頁 250。

〔註33〕李國祥、楊昶主編《明實錄類纂》宮廷史料卷 11，（武漢：武漢出版社 1992 年 7 月第 1 版、第 1 刷），頁 1590～1593、1599～1611。

〔註34〕《張居正集》第一冊，頁 240。

〔註35〕《張居正集》第一冊，頁 443。

顏色,雖稍有剝落,而棟宇規制,未常少損,似亦無煩於改作也。
臣等愚見,伏望皇上繹思世宗皇帝臨御東朝之意,姑仍舊貫,暫停
工作,以省勞費。或待皇儲誕降之後,仍以文華為東宮講讀之所,
卻請聖駕臨幸武英,彼時鼎新修理,未為晚也。

三、罷減織造採辦

查廷臣或內臣,在勸請罷減織造、採辦上,計有 18 條:〔註36〕

隆慶二年正月	減內府加增米四千五百石,青白鹽三萬斤。從太監李芳之請。
五月	太監趙玢往南京織造,工部止之,不聽。兵科給事中陳邦顏疏入,奪俸二月。
隆慶三年二月	趣蘇杭織造太監李佑,新織千八百六十匹。工部言民力不堪,不聽。
隆慶四年三月	命市棉二萬五千斤。戶部尚書劉體乾以湖州貢至,宜罷,不聽。都給事中李己言,京師非棉鄉,三月非棉時,奈何以倉卒具也?遂止市萬斤。
四月	諭戶部趣貢金及市寶石。戶科都給事中李己,請止之;尚書劉體乾言珠寶不易致,不聽。
五月	戶科都給事中李己、給事中陳吾德言:內承運庫方監崔敏等,請買年例金寶,與登極詔失信。畿省饑荒,計臣未有所出,奈何以玩好費數十萬之貲?敏等目擊時艱亦當惜財,乃獻諂供用,實充私橐。竊恐將來效尤,希進欺蔽,不空人之國不已也。上怒杖己百之,下刑部。吾德削籍。
隆慶五年四月	命饒州作陶器十萬有奇。工科都給事中龍光等,請減十之三四,且寬其程,不聽。
七月	南京工部尚書曹亨,劾織造太監劉安不法,忤旨。罰

〔註36〕《國榷》卷 65,頁 4078、4087;卷 66,頁 4104、4130、4132、4133;卷 67,頁 4161;卷 67,頁 4161、4166、4174;卷 68,頁 4221;卷 69,頁 4287、4293;卷 70,頁 4335、4352、4357;卷 71,頁 4373、4382、4405。

<table>
<tr><td></td><td>俸三月。</td></tr>
<tr><td>隆慶六年正月</td><td>命雲南、廣東歲進寶石二萬枚、珠八千兩，三年而止。科道諫沮，不聽。</td></tr>
<tr><td>萬曆四年三月</td><td>供用庫太監鄭直，以香品缺，請採廣東二十八萬斤。工部議止派八萬斤，未允。戶部給事中光懋執奏，命視嘉靖六年七年例兩進。蓋嘉靖六年六萬斤，七年五萬斤。</td></tr>
<tr><td>三月</td><td>內承運庫太監崔敏，求遣官織造。工科都給事中侯于趙、御史麻永言各諫，命上供各減一半，定五萬九千二百六十四。</td></tr>
<tr><td>六月</td><td>承運庫太監崔敏等，請採買金珠、寶石以備大婚。戶科都給事中光懋奏止之，不聽。</td></tr>
<tr><td>萬曆六年四月</td><td>工科都給事中王道成，請停採辦金珠、寶石、香品。</td></tr>
<tr><td>萬曆七年七月</td><td>工部覆禮科左給事中顧九思、工科都給事中王道成等，請撤浙、直織造內臣。上以示居正，居正奏：「民重困，宜召還孫隆。」上曰：「彼織幣且完，當俟來春耳。」居正曰：「地方多一事，則有一事之擾；寬一分，則受一分之惠，災地疲民不堪催督。暫撤之，俟稍豐可復也。」上乃許之。</td></tr>
<tr><td>萬曆七年十一月</td><td>張居正等言，工科都給事中王道成請減織造段匹。原有歲額，萬曆三年派織九萬有餘。爲大婚、賞賜，該部設處。今四年方織完，而添織之旨又開七萬三千匹，須四、五十萬金。在庫藏已竭，在小民則疲。今浙、直水災，蒙恩蠲濟，方撤之，又復加派，非聖意所以愛養元元也。近因賞三衛夷人段匹，缺虎豹一色，故請增織。至於上供已自足用，不必又取辦于歲造矣，乞減其半。從之。</td></tr>
<tr><td>萬曆八年九月</td><td>甲字庫太監王效等，稱闕歲額銀珠等料。戶部尚書張學顏奏，登極一詔盡停不急之務，請令各監局所造器用，量爲停罷，勿滋冒費。上然之。</td></tr>
</table>

萬曆九年二月　　工科給事中劉弘誨,乞敦儉樸、省織造,將今織造段匹停緩降新樣,必不容已,量酌減數。報聞。

萬曆十年二月　　初內承運庫以闕幣,求浙、直織各色紵絲紗羅錦綾紬共十萬四千四百九十四。工科都給事中李廷儀言,萬曆四年內織染局題造袍段五萬八千於餘匹,八年九年又題造十三萬餘匹,上用固不乏也。萬曆三年四年該庫坐派改十二萬六千餘匹,七年坐派三萬六千四百餘匹,賞用又不乏也。且織造踰十萬,非金百五十萬不辦。錢糧有正項,安得云無礙官銀?若庫貯已竭,則察歲造報欠,嚴行催督。蓋加徵不如催正供之易,新派不如完舊欠之速。上從之,諭後該庫非甚關,毋輕請累民。

　　以上《國榷》的資料,隆慶朝九案之中,織造三案、珠寶三案、陶器一案、米鹽一案、購棉一案。其華服、美飾、侈用者即占有七案;經勸阻而不聽者七案、折衷一案、停辦一案;不聽當中,復加奪俸者二案、杖擊一案、削籍一案。其中,穆宗不但完全採納太監李芳建請的「減增米鹽案」外,更為織造太監劉安被劾不法案,而罰奪奏劾者南京工部尚書曹亨之俸。穆宗對外廷大臣與言官的阻勸,幾乎全盤封殺,甚至予以處分;尤其在隆慶四年七月,還以積忤上意,罷了戶部尚書劉體乾〔註37〕。直到穆宗歿後的當年(隆慶六年),才由剛接任首輔的張居正,薦起南京兵部尚書。從這些資料分析來看,穆宗的行為表現,不免讓我們懷疑《明史》贊,稱他「端拱寡營,躬行儉約」〔註38〕的恰如其分。當然,從另一個角度來看,張居正的「節約思想」,顯然沒有發揮實質作用。但這也間接引喻出:「位子」對一個有理想、有能力的政治人物,是何其重要。

　　至於萬曆朝亦有九案,其中織造五案、珠寶二案、銀硃等料一案、香品一案;經勸阻而不聽者一案、不置可否者二案、折衷三案、停辦三案。不聽勸阻的,只有萬曆四年六月為神宗大婚購置珠寶的一次;而張居正繼之出面,勸予折減或罷撤織造內臣(并入停辦項)者即有二案〔註39〕。顯然,年少的

〔註37〕《新校明通鑑》卷65,頁2532～2533。
〔註38〕《明史》卷19,頁258。
〔註39〕請參考《張居正集》第一冊,頁394〈請罷織造內臣對〉、頁398〈請酌減增

神宗接納雅言的程度，遠遠高過他的父親穆宗皇帝。但反過來說，如果擔任首輔的不是張居正，情形可能又不同了。無怪乎明沈鯉〔註40〕曾讚歎「十載之內，太倉粟支十年，冏寺積金四百餘萬，中外肅然，無有以貨利進言者」，以及「大車以載，積中不敗，公之功，良不可泯也。」〔註41〕

第三節　裁并冗濫

前節曾提到劉體乾的「去害以豐財」，其有關「去冗吏」的論述：

> 蘇軾有言，「豐財之道，惟在去其害財者。」今之害，最大者有二，冗吏、冗費是也。歷代官制，漢七千五百員，唐萬八千員，宋極冗至三萬四千員。本朝自成化五年，武職已逾八萬，合文職蓋十萬餘。今邊功陞授、勳貴傳請、曹局添設、大臣恩蔭，加以廠、衛、監、局勇士、匠人之屬，歲增月益，不可悉舉，多一官則多一官之費。請飭諸曹，清革冗濫，減俸將不貲。……二冗既革，國計自裕。舍是而督逋增賦，是揚湯止沸也。

事實上，這類「去冗吏以裕國計」之論，早在正德十六年四月，世宗繼位的當時，大學士楊廷和即曾草詔執行過。他先後二次革除錦衣衛、監、局、寺、廠、司、庫、旗校軍士、匠、役者，計 17 萬 8 千多人；另裁減僧道教坊官員，計 300 多人；〔註42〕次年（嘉靖元年）十二月，再裁各省冗官。〔註43〕這一連串的雷厲風行，或許只有在新主登基、權力摸索階段之時，能臣才得以展布。但無論如何，這些措施所產生的效益，已為嘉靖朝厚實了早期多年的國力。這可從前節所述，嘉靖八年六月，明世宗與尚書李時的對話：「上慨然曰：此楊廷和功，不可沒也。」得到證明。

至於張居正這方面的表現為何？翻索他的奏牘文集，找到：隆慶二年有

造段疋疏〉。

〔註40〕《明史》卷 217，列傳第 105，頁 5733：沈鯉字仲化，歸德人。嘉靖四十四年成進士，大學士高拱其座主又鄉人也，旅見外，未嘗以私謁。屏絕私交，好推轂賢士。萬曆十二年拜禮部尚書，去六品甫二年至正卿，時論不以為驟，後引疾歸。至萬曆三十年，奉詔以故官兼東閣大學士入閣參機務，時年七十一。遇事秉正不撓，卒年八十五，贈太師、諡文端。

〔註41〕《張居正集》第四冊，頁 524〈張文忠公論〉。

〔註42〕《新校明通鑑》卷 49，頁 1833、1842、1844。

〔註43〕《國榷》卷 52，頁 3272。

〈與湖廣巡撫〉〔註44〕〈答湖廣雷巡按〉〔註45〕二札，均在談施州衛（治今湖北恩施）兵備道員裁革之事。萬曆四年〈答應天巡撫宋陽山〉〔註46〕，認爲派遣御史督修水利，是一種「冗設」。再就是萬曆十年二月的〈請讞積逋以安民生疏〉〔註47〕，提到「省冗員」爲諸多施政之一。此外，尚未查到通盤性的申述。近儒熊十力在《論張江陵》裡嘗言：張居正「其自所力行者，不外『尊主庇民』四字。此四字者，實可總括江陵之法治思想。惜乎當否塞之世，江陵不便以其思想，見之著述。但詳玩江陵握政時之作法，則其思想不難推見。」〔註48〕余甚以爲是。乃再查其它施政文獻，尚有：

張敬修〈張文忠公行實〉

> 日久官屬既盛，則出令者多，任事者鮮。今汰冗員什二三，用一事權，絕人望之私，歲省稍食若干。〔註49〕

談遷《國榷》

> 謝肇淛曰：「江陵行事雖過操切，然其實有快人意者，如沙汰生員、廢書院、減郡縣、去諸冗員是也。」〔註50〕

張廷玉《明史》

> 世稱居正知人，然持法嚴，覈驛遞、省冗官、清庠序，多所澄汰。公卿群吏不得乘傳，與商旅無別。郎署以缺少，需次者，輒不得補。大邑士子額隘，艱於進取，亦多怨之者。〔註51〕

夏燮《明通鑑》

> 隆慶六年六月庚寅，考查京官，從輔臣張居正之請也；居正請大計廷臣，藉以斥諸不職及附麗高拱者。〔註52〕

> 萬曆七年春正月戊辰，詔毀天下書院；先是原任常州知府施觀民，以科斂民財，私剙書院，坐罪褫職。而是時士大夫競講學，張居正特惡之，盡改各省書院爲公廨。凡先後毀應天等府書院六十四處。

〔註44〕《張居正集》第二冊，頁54。
〔註45〕《張居正集》第二冊，頁55。
〔註46〕《張居正集》第二冊，頁575～576。
〔註47〕《張居正集》第一冊，頁471。
〔註48〕熊十力《論張江陵》（臺北：明文書局1988年3月，初版），頁31、32。
〔註49〕《張居正集》第四冊，頁433。
〔註50〕《國榷》卷71，頁4415。
〔註51〕《明史》卷213，列傳第101，頁5646。
〔註52〕《新校明通鑑》卷65，頁2559。

〔註 53〕

谷應泰《明史紀事本末》‧〈江陵柄政〉

萬曆三年夏五月，大學士張居正上言：「近郡縣入學太濫，宜敕學臣量加裁省。并敕吏部，凡所在督學臣，非方正勿遣。」〔註54〕

以上這些資料足以說明：即使「裁汰冗員」的論述，在張居正著作中的分量，是如此的不成比例，但卻是他施政的一項重要措施，而且取得相當成果。〔註55〕茲將相關資料摘計如下：

隆慶元年二月		從內官監太監李芳之請，汰內府匠役濫官，如太僕少卿、苑馬卿、布政司參議、郎中、員外郎等至百數。
	八月	裁內府各監、局官、匠，及山西、浙、直、廣東冗員。
	十二月	裁九江分巡僉事，并於饒州兵備；汰錦衣衛軍校及監、局冗役。
隆慶二年正月		大計，謫免 1606 人；裁浙兵 8000 人、省紹興兵備官，歸其事海道副使。
	六月	汰錦衣衛冗役 359 人。
隆慶三年四月		司禮監太監滕祥，奏汰工匠 2440 人。
	五月	裁荊瞿兵備道僉事，計 1 員。
	閏六月	裁戶部山西、陝西、貴州司主事各一，計 3 員。
	七月	裁山東曹濮、青州二兵備副使，濟南、兗州同知，青州通判各一，計 5 員。
	九月	裁南京戶部廣西司員外郎、廣東司主事各一，計 2 員。
	十月	裁嵩縣參將，計 1 員。
	十二月	汰錦衣衛冒濫官、旗，計 1115 人。
隆慶四年三月		裁南京吏部驗封司主事、戶部雲南江西司員外郎、禮

〔註53〕《新校明通鑑》卷 67，頁 2613～2614。

〔註54〕谷應泰《明史紀事本末》卷 61，（北京：中華書局 1997 年第 1 版，第 1 刷），頁 2370。

〔註55〕《國榷》卷 65，頁 4047、4064、4075、4078、4079、4088；卷 66，頁 4107、4110～4112、4116、4117、4120、4130；卷 67，頁 4168；卷 68，頁 4213、4220；卷 69，4267、4270；卷 71，頁 4359、4361、4364～4367、4369、4372、4373、4375、4376、4380～4383、4390、4393、4397、4399、4404、4408。

部儀制司主事、刑部四川司主事、工部營繕司員外郎、都察院都事、通政司右參議、光祿寺少卿、國子監博士學錄、太僕寺寺丞各一，計 12 員；裁南京督糧都御史，歸其事南京戶部侍郎。

隆慶五年九月　裁陝西行太僕寺、苑馬寺丞，計 2 員。增少卿 1 員，與寺卿並兼按察僉事分理。中東西三路，專屬巡茶御史。

隆慶六年十二月　裁甘州中右二衛知事、甘州涼州監牧、判官，計 6 員。各設府同知，專理屯田鄉兵。

萬曆元年正月　裁陝西苑馬寺長樂、靈武二監錄事，計 2 員。

萬曆三年四月　裁山東按察司屯田鹽法僉事，計 1 員。改屯田屬兵巡道，鹽法屬清軍副使。

五月　張居正言，督學試郡縣入學太濫，宜拔其尤者一人。報可。

六月　裁揚州理鹽通判於儀眞，計 1 員。

萬曆八年正月　吏部大計外官。

二月　裁蘇州管糧參政，計 1 員。

閏四月　裁浙江驛傳道、福建監軍副使，計 2 員；裁浙江左營游擊，計 1 員。

五月　裁顯陵百戶張仁等，計 12 人。

六月　裁三河壩守備及長峪城提調并密雲、遵化、永平三武學提調，計 2 員。裁罷山西宣府懷隆道兵備副使一、河南總部京糧右參政一、督糧左參議一、睢陳道兵備一、山東督糧左參政一、總督京糧左參政一、屯田水利副使一、莊浪兵備道一、甘肅太僕寺少卿兼按察僉事一、廣西督糧右參政一、永寧兵備副使一、四川督糧右參政一、水利驛傳僉事一、敘瀘兵備僉事一、廣東督糧左參政一、湖廣屯田水利僉事一、江西饒州兵備副使、僉事一，計 18 員。裁廣東監軍副使、廣州兵備僉事、貴州督糧參政各一，計 3 員。裁京、通二倉經歷，計 6 員。

七月	裁延寧、甘固各游擊、守備，計 8 員。
九月	裁福建督糧右參政一、鹽運司判官、提舉司吏目，計 3 員。又省城並設三縣，裁懷安縣；裁遼東太僕寺少卿及主簿、廣西提舉司副提舉，計 3 員；裁福建行都司屯局僉書，計 1 員。
十月	裁雲南督糧參政，計 1 員。
十一月	裁四川督糧右參政、鹽茶水利驛傳僉事、敘馬瀘兵備、僉事各一，計 7 員；裁雲南臨安參將改設守備，計 1 員；裁廣東陽電、海房及潮州、陸路參將，計 2 員。并總鎮下把總各一。
萬曆九年正月	裁戶部主事二十一、禮部主事三、鑄印局副使一、兵部郎中三、主事三、刑部主事十三、工部郎中一、員外郎一、主事一、雜造局大使一、都察院司獄一、右通政一、騰黃右通政一、戶科四、禮科二、兵科五、刑科四、中書舍人四、其他三十九，計 107 員。
	裁南京吏、禮、兵、刑、工侍郎各一、太常司丞一、戶部員外郎一、主事一、工部主事一、左右評事各一、太常寺奉祀一、鴻臚寺鳴贊一、序班一、應天府通判、五城副指揮各一、留守五衛千戶所吏目各一，計 45 員。
二月	汰蘇、松、徽、寧兵備所轄官，計 779 人；裁北直同知、通判、州判、縣丞、主簿、倉巡若干。
五月	裁南京大教場等營把總，計 8 員；裁湖廣總兵官懷寧侯孫世忠，計 1 員。
七月	裁湖廣、廣東各官，計 74 員；裁廣西官，計 49 員。
十月	革衍聖公孔尙志女樂二十六戶。
十二月	兵部裁京職，計 165 員。
萬曆十年正月	裁湖廣澧州、順林驛。
四月	裁福建林燉驛。

這些資料均引自《國榷》，主要在它比較詳細而不繁雜。爲了方便參考與比對，有部分予以簡化、小計；並將隆慶元年至六年六月，尙由徐階、李春

芳、高拱分任首輔期間的各條，也一并列入。不過在統計、論述張居正「裁汰冗濫」的作爲時，將把隆慶二年七月徐階致仕，至隆慶三年十二月高拱還朝入閣、兼掌吏部之前所列各條，與萬曆各條并計，以趨事實。何以故？《明史》謂：「居正爲人……勇敢任事，豪傑自許。然沉深有城府，莫能測也。……時徐階以宿老居首輔，與李春芳皆折節禮士。居正最後入，獨引相體，倨見九卿，無所延納。間出一語輒中肯，人以是嚴憚之，重於他相。」〔註56〕另謂：「春芳恭愼，不以勢凌人。居政府持論平，不事操切，時人比之李時，其才力不及也，而廉節過之。時徐階爲首輔，得君甚。春芳每事必推階，階亦雅重之。……及代階爲首輔，益務以安靜，稱帝意。時同列者陳以勤、張居正。以勤端謹，而居正恃才凌物，視春芳蔑如也。始階以人言罷，春芳歎曰：『徐公尙爾，我安能久，容旦夕乞身耳。』居正遽曰：『如此，庶保令名。』春芳愕然，三疏乞休，帝不允。」〔註57〕兩人同爲嘉靖二十六年進士，一個「恃才凌物、積極進取」，一個「恭愼持平、務以安靜」。我們可以據論，在這短暫的一年五個月中，張居正雖不是首輔，但實際政務的影響力，應遠過於首輔李春芳。

　　以這個原則，算一算上面的數據，張居正一共裁減 4,870 員，這還不包括沒有明確數據的部分在內，實際裁掉的當然超過這個數目。但如果拿來與嘉靖初年，楊廷和所裁的 17 萬多人相較，〔註58〕自不可同日而語。不過，從上列所裁的職別來看，有中央六部的侍郎、少卿、郎中、員外郎、主事、給事科臣等；也有地方的參政、兵備副使、監軍副使、屯田鹽法僉事、兵備道僉事、同知、通判、州判、經歷、縣丞、主簿、倉巡等；武職的則有總兵官、參將、游擊、守備、把總以及錦衣衛官、旗等。他的裁，是全面性的，有別於楊廷和僅僅侷限在錦衣衛與各省冗官的範圍內。其所產生的影響，亦不只是財費的省節而已，對整個政府體制的振刷，宜乎有比於他的考成之法。〔註59〕

〔註56〕《明史》卷 213，列傳第 101，頁 5643、5644。
〔註57〕《明史》卷 193，列傳第 81，頁 5119。
〔註58〕《新校明通鑑》卷 49，頁 1833、1842、1844。
〔註59〕《張居正集》第一冊，頁 131〈請稽查章奏隨事考成以修實政疏〉，頁 472〈請蠲積逋以安民生疏〉：「況今考成法行，公私積貯，頗有贏餘……」《張居正集》第四冊，頁 433〈張文忠公行實〉：「且往者，禁網疏闊，吏民無所請，事多填委，簿領書，不肯奏報天子。今詢事考言，以言核事，以事核功。非歲久不可卒舉者，皆校量繁簡、難易、多寡、新故、久近，程督府諸司，令以時報成事。毋得故緩其大者、難者以遺後人，徒以米鹽瑣屑之務，苟塞明詔。以

第四節　邊用爲重的作爲

張居正節約思想與政策，旨在充裕國用並備不時之需，而邊防急用更爲國用之首要。從整體上來看，明政府嘉靖二十七年（1548）太倉歲出銀 3,470,000 兩，支軍費銀 2,310,000 兩，占全年歲支 66.57%；嘉靖四十三年（1564）歲出銀 3,630,000 兩支軍費銀 2,510,000 兩，占全年歲支 69.15%；隆慶元年（1567）歲出銀 3,710,000 兩，支軍費銀 2,360,000 兩，占全年歲支 63.31%；隆慶三年（1569）歲出銀 3,790,000 兩，支軍費銀 2,400,000 兩，占全年歲支 63.33%；隆慶四年（1570）歲出銀 3,800,000 兩，支軍費銀 2,800,000 兩，占全年歲支 73.68%；萬曆五年（1577）歲出銀 3,494,200 兩，支軍費銀 2,600,000 兩，占全年歲支 74.41%；萬曆六年（1578）歲出銀 4,224,730 兩，支軍費銀 3,223,051 兩，占全年歲支 76.29%；萬曆十四年（1586）歲出銀 5,920,000 兩，支軍費銀 3,159,400 兩，占全年歲支 53.37%。〔註60〕很明顯，從隆慶元年到萬曆六年，軍費支出由 2,360,000 兩的 63.31%，一路攀升到 3,223,051 兩的 76.29%。計增加 863,051 兩、12.98%。再從個別角度來觀察，從隆慶元年到萬曆三年，甘州（今甘肅張掖）開市這段期間，正是張居正處理邊疆防務的高峰期。他在邊餉、修邊、功賞，或是對順虜的羈縻、內間的謀用上，如確有需要，多會勉力應給。舉例如次：

一、兵餉之用

隆慶二年

> 辱翰教，知廣事已有次第，山賊多所斬獲，公之威望已著，蕰定可預睹矣。但聞該省軍儲甚乏，昨與部議，量發帑銀以濟之。往年剿閩賊，發銀二十萬。今廣中應解錢糧已奏留，而川浙又可責償原貸，今擬半閩中之數，似宜足用。
>
> 期使炎荒之民，知朝廷軫念之慇，不以遐遠而或遺也。〔註61〕

隆慶三年

> 頃閩、粵驛騷，將患及浙。預防之策，兵餉爲急。乃往者撫臺每

> 故人皆見素，不敢匿端，咸凜凜奉約束。」

〔註60〕全漢昇、李龍華〈明代中葉後太倉歲出銀兩的研究〉頁 196、197。轉引自賴建誠《邊鎮糧餉》（臺北：中研院、聯經 2008 年 4 月初版），頁 45。

〔註61〕《張居正集》第二冊，頁 22〈答廣西熊巡撫〉；題銜廣西疑爲廣東之誤。

一人至，即奏請蠲貸，徒爲節省之名，不思幹濟之實。脫一旦有急，帑藏空匱，當其時，能不徵派於民乎？此務虛名而貽實禍者也。〔註62〕

隆慶六年

薊門事體與它鎮不同，僕日夜念之未嘗少釋。凡有所求，所司未嘗不頻蹙而語，屈意而從也。僕亦坐是往往見惡於人，若僕有所私庇於薊者。然司農所藏，委爲匱乏，固亦無怪其瀕蹙也。

幸僕今謬司國柄，俟邊警稍暇，望公與鎮巡虛心商量，思一長策，著實整頓一番，庶爲經久之計。若但拆東補西，支持目前，費日增而無已，兵復弱而莫支，將來必有口實者，恐僕與諸公皆不能逭其咎也。〔註63〕

萬曆元年

都蠻爲害多年，不容不除。聞之譚司馬云：「蜀中兵餉，取之存留，儘可措辦。俟兵食已足，方略已定，可一鼓平之。」〔註64〕

二、修邊之用

萬曆元年

修邊大疏，已下部議覆。乃督。撫二公之見，與公議相牴，何耶？設險守要，乃邊政之大者。況此係修復頹廢，非更有創建，但邊長費鉅，須漸次行之耳。〔註65〕

三、激勵之用

隆慶三年

僕以淺薄，謬膺重寄，其於該鎮（宣、大二鎮）之事，苦心積慮，雖寢食未嘗忘也。奈何人心不同，議論不一。如趙、馬二帥去歲出塞之功，實數年僅見，即破格優賞，豈足爲過？而人猶有議其功微

〔註62〕《張居正集》第二冊，頁74〈答浙撫谷近滄〉。
〔註63〕《張居正集》第二冊，頁318〈答劉總督〉。
〔註64〕《張居正集》第二冊，頁358〈與數蜀撫曾確菴計劃都蠻之始〉。
〔註65〕《張居正集》第二冊，頁357〈答司馬吳堯山〉。

賞厚者。……一二年來，言者率云責實。責實矣，而又不明賞罰以勵之，則孰肯冒死犯難，爲國家用哉？〔註66〕

四、羈縻之用

隆慶五年

承教，謂虜酋動以封爵誇示其眾，公亦使人屈禮以歆豔之，甚善，甚善。僕嘗恐虜不慕官爵之榮，不貪中國之利，但以戎馬與吾相角於疆場，則眞無可奈何。今誠有慕於我，我因其機而制之，不過出吾什一之富，則數萬之眾，折箠而使之。〔註67〕

萬曆三年

順義饋馬，效順彌堅，眞朝廷之福也。書中言守邊五年，欲乞賞賚，似亦可從，俟其貢市畢，可爲一請。僕所酬一如去歲例，俟其至邊與之。〔註68〕

五、謀間之用

隆慶五年

咸正恰者，不知前已授官否？渠既能制吉能，即可用此人以行吾之策。切盡黃台吉，通佛經、識義理，昨在宣、大調伏俺答、老把都二酋。甚有功於中華，故特賜敕賞賚。此二人者，一宜以計用之，一宜以禮處之。俟延、寧貢事完，疏中可略敍此二人，另行量賞。若疏已發行，不及敍錄，公可自以己意陰厚之，以結其心。蓋制馭機宜，自合如此。〔註69〕

從以上軍費在十二年內增加 12.98%，到幾項邊用內容的觀察，我們可以認爲張居正是一個「重邊主義」者。也確實，在入閣的第四個年頭，他猶然嘆道：「聲容盛而武備衰，議論多而成功少，宋之所以不競也。不圖今日復見此事，僕不度德量力，欲一起而振之，而力不從心，動見齟齬！」〔註70〕但

〔註66〕 《張居正集》第二冊，頁 65〈與薊鎮巡撫〉。
〔註67〕 《張居正集》第二冊，頁 215〈答宣大總督王鑑川〉。
〔註68〕 《張居正集》第二冊，頁 552〈答宣大總督方金湖〉。
〔註69〕 《張居正集》第二冊，頁 226〈答邊鎮巡撫〉。
〔註70〕 《張居正集》第二冊，頁 138〈答藩伯施恆齋〉。

在經過一番整頓、納附、封貢〔註71〕之後，第五年他說「邊事近稍次第」〔註72〕、「今秋三陲晏然，一矢不驚，誠生靈莫大之慶。但外寧內憂，聖人所戒，封疆之臣，未可一旦而忘備也」。〔註73〕到第六年，他終於說了「今方內乂安」〔註74〕，明朝長期以來糾纏不已的邊患，至此取得大體解決。

〔註71〕隆慶四年，邊鎮修敵臺、籌劃薊鎮各路防範韃虜進犯、納降議封貢；隆慶五年，清查薊鎮虛餉萬餘人、議行分兵屯田、蕩平古田積寇、封俺答順義王、查刷湖廣錢糧。
〔註72〕《張居正集》第二冊，頁 224〈答關中憲使李義河述時政〉。
〔註73〕《張居正集》第二冊，頁 228〈答巡撫方金湖〉。
〔註74〕《張居正集》第二冊，頁 332〈答河漕總督王敬所〉。

第五章　修築墻堡　察虜安邊

第一節　修築墻堡

一、鎮戍莫急於邊墻

　　從前表 2-3〈明嘉靖朝北疆寇患統計表〉及表 2-5〈嘉靖隆慶二朝北疆虜犯通貢紀事表〉，可以很明顯的觀察到，自嘉靖十六年八月，虜酋吉囊率眾四萬騎，入犯宣、大，副總兵郝鎧、參將張世忠等率部與三關、保定軍共一萬六千人，力保偏頭關，而宣府鎮參將張國輔戰殉一役之後，韃靼逐年入寇愈緊、愈猛；而明廷防禦，則愈加無力與不敵。嘉靖二十一年（西元 1572，時張居正十八歲），俺答以其款塞求貢使石天爵，被明將所殺爲由，大舉內犯，遍及山西數十衛、州，殺掠二十餘萬人、牛馬羊諸畜二百萬、焚公私廬舍八萬區、蹂躪田禾數十萬頃。〔註1〕長沙兵部主事魏煥，即在此邊患日益危劇之時，集成《九邊考》十卷。〔註2〕其對當時北疆的遼東、薊鎮、宣府、大同、三關、延綏、榆林、固原、甘肅等九邊的敵我形勢、險要、兵馬、糧草、邊墻修築，與設鎮禦虜等相關事宜，多所載述，當爲兵部籌邊應敵的一種彙報。迄今，仍不失爲研究有明一代邊防的重要文獻。余據以編製〈明嘉靖 21 年九邊鎮戍資料簡表〉一種見（表 5-1），並引黃仁宇《十六世紀明代中國之財政與稅收》之〈16 世紀晚期的北方軍鎮〉附圖如（圖 5-1）併爲參考；該九鎮相

〔註1〕　《明通鑑》卷 58 頁 2188～2193；《皇明北虜考》頁 60。
〔註2〕　《明代邊防》頁 33～112。

關項目,經再統計:時有官軍人數 551,403 名,原額馬數 200,934 匹,營堡 175,墩空數百,關塞 212,墩台 170。至於長城邊牆的修築,查計該考所載:自成化八年起,至嘉靖十七年止,凡修築 14 次,共 16 處。其邊牆、崖塹可計數者 2,765 里;不可計數者,有外邊牆一道、疊堤一道、壕牆二道。從這些數據來看,儘管當時北疆禦虜不力,但它的防務規模,卻是不容小覷的。而千里邊牆的修築,更可用來說明魏煥「鎮戍莫急於邊牆」的論述,殆爲主流之見。他說:

> 鎮戍莫急於邊牆,蓋胡人以畜牧爲生、騎射爲業,侵暴邊境、出沒無常,大舉深入,動至數萬。歷代以來,屯兵戍守,寡則艱於應敵,多則困於轉輸。是故虜眾易合,而勢常強。我兵難聚,而勢常弱。惟其弱也,故有與之和親、爲之納幣;而不恥者,甚且至陷沒疆土,臣事犬羊,如五胡亂華、蒙古滅宋,夷敵之禍,於斯極矣。若夫英雄之君,憤夷敵之侵凌,竭天下之財力,窮兵遠討,犁庭掃穴,中國強矣。然而內自困敝,甚至亡國,如秦、隋之爲,亦非計之得也。
>
> 是以論者謂:禦敵無上策。蓋謂此耳。〔註3〕

至於張居正「修邊設險」的思想爲何?其在〈陳六事疏・飭武備〉中,已有論及「併守墩堡」以爲自守之一策。茲再迻錄其相關文牘,並說明如次:

隆慶三年〈答淩參政洋山〉,與時任參政的淩雲翼,談到隘要處所的墩臺若能完成,則秋防即可無虞;待後守備漸修,士氣稍振,即可議戰;並對阻壞修築墩堡工事之進程者,深表忿恨:

> 東虜勢孤,或亦不能大舉。若隘要處墩臺已就,秋防諒保無虞。需以一二年,守備漸修,士氣稍振,即可議戰矣。奈何人心不同,好生異議,阻壞成事,殊可恨耳。〔註4〕

同年〈答總督譚二華論任事籌邊〉,對譚綸言,「築臺守險」以逸待勞,爲不可勝,乃「策之最得」者;爲了破斥阻撓者的異說,數月來,「舌幾欲敝,而唇幾欲焦」:

> 築臺守險,可以遠哨望,運矢石。勢有建瓴之便,士無露宿之虞。以逸待勞,爲不可勝,乃策之最得者。其利害長短,亦不待智者而後知。奈何世間一種幸災樂禍之人,妒人有功,阻人成事,好爲異

〔註3〕《明代邊防》頁 101。
〔註4〕《張居正集》第二冊,頁 90。

說，以淆亂國是。又幸天下之有事，而欲以信其言。聞者不察，從
而和之，數月紛紛盈耳。僕隨事破妄，因機解惑，舌幾欲敝，而脣
幾欲焦矣。近來稍稍寧帖。〔註5〕

隆慶四年〈答薊鎮巡撫計邊鎮臺工〉，與順天（薊鎮）巡撫劉應節，論及
薊遼總督譚綸修建敵臺一事，認為自始至終只他一人，確然不搖以「臺工之
議」為可行者；且反對兵部再議，並希望劉巡撫會轉譚總督，應堅持初衷、
勿生退悔：

臺工之議，始終以為可行、確然而不搖者，惟區區一人而已。辱示
云云，近來會士大夫，未嘗不一一為譬曉。但今人任事者少，識事
者尤少。任事者，真見其事理之當為，而置是非毀譽而不顧。不識
事者，未睹利害之所在，而喜為款言臆說以炫名。兩者相與，宜其
說之嘵嘵而不可止也。昨部覆兵科疏，尚欲下督撫議。區區再三曉
以頃總督疏，臺工限已寬矣，賞已併矣，大工垂成，奈何中止？既
不可止，又何議為？徒使任事者疑畏而自阻耳！部中因予言而止，
覆詞頗亦分曉。會軍門可達此意，勿生退悔。〔註6〕

隆慶五年〈答延綏巡撫郜文川〉，指示巡撫郜光先：榆林衛所屬的響水
堡「極當虜衝」，應急宜修繕。〔註7〕萬曆元年〈答司馬吳堯山〉，明確地指
出「設險守要，乃邊政之大者」，對已下部「議復」的修邊大疏，認係「修
復頹廢，非更有創建」，但以「邊長費鉅」，「漸次推行」即可；而對兵部右
侍郎吳百朋，與宣大總督王崇古、宣府巡撫吳兌等，為此議論相牴，頗表不
悅與不解。〔註8〕萬曆五年〈答延綏巡撫宋禮齋〉表示，數年來「虜不敢窺薊
者，實賴守險之力」，若非他於隆慶年間，大力支持薊遼總督譚綸的「薊鎮築
臺之議」，豈有今日之功；並指示延綏巡撫宋守約「今虜方款貢，正宜即時為
備」、諸言「練兵、除戎」者，悉為虛文，惟「修守」一事，方為切實：

近日，曾有人言，榆中築臺工急，軍人嗟怨者。孤竊以勞民動眾之
事，誰肯樂從？惟謀國者主持不惑，當事者策畫有方，乃可望其底
績耳。昔譚司馬在薊建議築臺，其時人情洶洶，流言四起。忌者欲
因此中以奇禍，政府諸公亦皆懼而求罷，獨孤一人力持不顧，乃克

〔註5〕　《張居正集》第二冊，頁96。
〔註6〕　《張居正集》第二冊，頁142。
〔註7〕　《張居正集》第二冊，頁199。
〔註8〕　《張居正集》第二冊，頁357。

有成。數年以來，虜不敢窺薊者，實賴守險之力。若如當時之議，
豈得有今日乎！今虜方款貢，正宜即時為備。諸言練兵除戎云者，
悉虛文耳。惟修守一事，庶為切實。且邊卒無荷戈死敵之苦，徒用
其力，未卒為勞。但需寬其程限，示以勿亟。時一親閱、鼓以賞犒，
則自樂於趨事矣。〔註9〕

從這些內容來判，顯然他亦為「鎮戍莫急於邊牆」的「主流論」者；渠
以堅定而旺盛的企圖心，說服修築敵臺的異議份子，並激勵、鼓舞用事邊臣，
勿為異說所動。他主張「修邊築堡」的程度，幾可用「信仰」兩字，來加以
形容。

表 5-1　明嘉靖 21 年九邊鎮戍資料簡表

鎮別	範　　圍	駐　地		官軍數	關塞墩堡防備	邊　外　夷　虜
		巡撫	總兵	原額馬		
遼東鎮	廣寧、遼陽地區；東至鴨綠江，西至山海關，1,460 里。南至旅順海口，北至開元城，1,070 里。	廣寧城	廣寧城	87,402 名 46,068 匹	自清陽迆西抵鐵嶺，營堡 63、墩空數百；自鎮北迆西抵湯站，營堡 18、墩空亦數百。	東有朝鮮，東北有女直諸部落，西有兀良哈三衞。
薊州鎮	古會州之地，拱衛京師較他邊尤重，三屯營居中，為本邊重鎮。東至山海關 350 里，西至黃花鎮 450 里。	薊州城	三屯營城	50,371 名 □匹	關塞 212、營堡 44、衞 22、守禦所 3、分守參將 5。	朵顏三衞在外邊之內，內邊之外，元兀良哈之地。朵顏衞花當一系獨眾。先後有革蘭台、把班、革孛來、打哈、倘孛來等，住牧於牆子嶺古北口白馬關以西，至黃花鎮境外之地，專肆搶掠。
宣府鎮	古冀州之域，秦為上谷郡。東據黑山、南距紫荊關、西距枳兒嶺、北據西高山、東南據居庸關、西南盡順聖川、西北跨德勝口，距野狐嶺、東北據	宣府城	宣府城	58,062 名 45,543 匹	洪武 26 年置萬全都司於鎮城。統衞 19，外分 5 路，各設參將分守之。成化 21 年，總督余子俊踏勘東西長 733 里，該用墩 358 座擺合要道，實有 89，該修 269 座。	北虜岡留、罕哈、爾壪三部常在此邊住牧，兵約 6 萬，與朵顏諸夷為鄰。宣德中，徙衞於獨石棄地蓋三百。土木之變，獨石 8 城皆破，雖旋

〔註9〕　《張居正集》第二冊，頁 731。原題街〈答陝西巡撫宋禮齋〉疑誤。

	獨石，廣 470 里（與余氏勘合數有出入）、袤 865 里。山川糾紛，地險而狹，分屯建將，倍於他鎮，氣勢完固，號稱易守。				收復，而宣府特重矣。
大同鎮	古雲中地，東至枳兒嶺、西至平虜城，川原平衍，無山設險，故多大舉之寇。西之平虜、威遠，中之古衛水口等處，皆稱要害，爲虜南犯朔應諸城必窺之路，東則天城、陽和，爲虜入順聖之衝。虜才出套，便涉入境，故稱難守。	大同城	大同城	59,909 名 46,944 匹	大同鎮城高拱完固。軍有東西北三路，各設參將分守。嘉靖 18 年，復築弘賜、鎮川、鎮邊、鎮虜、鎮河 5 堡於毀敗之二邊。弘賜堡添設參將守之。成化 21 年，總督余子俊踏勘大同小邊，東西長五、六百里。該用墩 210 座擺合要害，實有墩 56，該修 154 座。	北虜哈喇眞、哈連二部常在此邊住牧。大酋把答罕奈兵約 3 萬、大酋失喇台吉兵約 2 萬，入寇無常。
三關鎮	偏頭、寧武、雁門自西迤東，三關並列。西盡黃河東岸，東抵大同西路，與眞定相爲唇齒，畿輔重地，安危繫焉。是爲重鎮。	山西省城	副總兵，駐偏頭關	27,547 名 9,665 匹	成化 21 年，總督余子俊踏勘，得偏頭關小邊，東西長 70 里，設用墩 42 座擺合要害，實有墩 25，該修墩 17 座。	弘治 14 年以後，虜往套中。地勢平漫，偏頭關逼近黃河焦家坪、娘娘灘、羊圈子等，皆套虜渡口。往來蹂踐，歲無虛日，保障爲難。
榆林鎮	東起黃甫川，西至定邊營，長垣 920 餘里。	榆林城	榆林城	41,054 名 20,219 匹	城堡 34，墩臺 170 座，墩堡勾連，橫截河套之口。鎮城遠處不毛，軍士待哺於腹裏，生理既難，糧道又遠，倘人事不修，則六邊之廢，其首在茲也。	河套東西長 1800 里，南北中長 1000 餘里，左右減半。榆林外套皆漢朔方郡。成化 7 年，虜始入套，搶掠即出，不敢住牧。弘治 13 年，虜酋火篩大舉入套，始住牧。正德後，應紹不、阿兒突斯、滿官嗔三部入套。至嘉靖 21 年，分由哈麻眞部、吉囊、阿不孩領之，兵共約 7 萬。

| 寧夏鎮 | 寧夏乃朔方河西之地，古夏州也。南北僅百里，東西200餘里，居三邊之中，適當襟喉之地。東南距河西，北抵賀蘭山，為四塞之地。內有漢、唐二渠，引水灌溉，足稱富庶，亦陝之樂土也。 | 寧夏城 | 寧夏城 | 70,263 名 19,595 匹 | 花馬池東南一帶，惟鐵柱泉、梁家泉及甜水、紅柳、榆樹等泉、史巴都、韓家、長流等處有水。總制劉天和於鐵柱泉築城，梁家泉築堡，甜水泉、史巴都等處築牆，一時水源俱各有守，賊無飲馬，百世之利也。

邊牆方面：
花馬池一帶，有大邊、小邊；新紅寺堡與大邊之間，設橫牆、大溝、塹崖築堤、牆堡等重險四道；寧夏北賀蘭山、黃河間，新舊邊牆二道；黃河東，順河直抵橫城大邊牆，長堤一道，截阻套虜自東過河，入寧夏之路；南自大壩起，至山嘴兒墊止，崖塹一道 84 里。 | 賀蘭山後，虜賊出沒無時；花馬池、鹽川東西 300 里，地勢平漫；興武營、靈川一帶，為套虜入犯腹裏必由之路。
成化以前，虜患多在河西，自虜據套以來，河東三百里間更為敵衝。洪武以來，虜出入河套往來甘涼，皆取道賀蘭山後，自總兵杭雄敗後，遂以山前為通衢。 |
| 固原鎮 | 開城縣地也，在寧夏之南，與寧夏為唇齒，為番胡要害之地。東之於胡，以花馬池為門戶；西之於番，以西蘭為門戶，處置得宜，全陝無憂。 | 陝西城 | 固原城 | 67,294 名陝西苑馬寺長樂監四苑、靈武監二苑，計 5,800 餘匹；另陝西太僕寺，管平、涼等四衞騎操馬匹，未計。 | 轄有黑水、鎮戎、平虜、紅古、扳井、彭陽等城；西安州海剌都等營；環、慶則有走馬川、青平山城、甜水等城堡；靖虜、蘭州則有乾鹽池、打剌赤、一條城、十字川、西古城、積積灘等堡。

弘治間，總制秦紘築內邊一條，自饒陽界起，西至徐斌水 300 餘里。自徐斌水起，至靖虜花兒岔止，長 600 餘里，屹然為關中重險。 | 固原一鎮，處處可以通賊。況轄虜住套，多遣奸人入境，探我道路，知我虛實，聲東擊西，多窺我之無備，倏來倏去。 |

| 甘肅鎮 | 即漢之武威、張掖、酒泉、敦煌四郡。洪武5年以嘉裕關爲限，棄敦煌。甘肅一線，孤懸1500里，西控西域、南隔羌戎、北遮胡虜，山勢曠遠。 | 甘州城 | 甘州城 | 89,501名6,560匹 | 洪武中，設甘州等五衞於張掖；設肅州衞於酒泉；設西寧衞於湟中；又設鎮番、莊浪二衞；於金城設蘭州衞，皆置將屯兵拒守。 | 甘肅之邊，北虜止二種，亦不剌盤據西海，瓦剌盤據北山，其餘皆西番，種類不一。總制楊一清題：今二種殘賊，將番族戕害已甚，遂與之糾合爲寇。西寧最被其害，洮州之番，近亦被脅，合夥爲之指引道路。番達合勢，我之邊境其何能安？ |

【說明】

一、本表資料來源：明魏煥《九邊考》。

二、根據劉謙《明遼東鎮長城及防禦考》，以遼東鎮都指揮使司爲例，相關名詞說明如次：

1. 明萬里長城——《明史・兵三》記載：「元人北歸，屢謀興復。永樂遷都北平，三面近塞。正統以後，敵患日多。故終明之世，邊防甚重。東起鴨綠，西抵嘉峪，綿亙萬里，分地守禦。」

2. 長城系統——由"垣"、"塹"、"台"、"空"等四方面組成："垣"者，長城的主體，亦稱"塞垣"、"邊牆"。依建材分有磚牆、石牆、石垛牆、險山牆、夯土牆、木柞牆等；"塹"者，牆外的"溝壕"，爲邊牆的輔助建築；"台"者，處在長城邊線之上，亦稱"邊台"。其建築均超過長城自身高度，以便瞭遠。其上設鋪房二間，駐有瞭守軍。守衛長城的邊軍稱"障軍"。"邊台"者，以通過烽燧傳遞訊息，亦稱"烽燧台"；"空"者，於交通要道，及河流與長城交匯之處，設置防禦口，亦稱"口子"。分城口空（用磚修築於隘口之中，通牧放、行人）、路口空（在路口兩側建築高大墩台，控制行人通過）、水口空（在河道兩側，各建敵臺一個，控制通行）。

3. 傳烽系統——邊疆戍兵，用以報警而建的烽火燧台，乃傳遞軍情的系統。"烽燧台"亦稱"狼煙台"；另於腹里（長城以內）的驛站沿途、堡城、千戶城、衞城、驛路城、鎮城等附近的制高點上，建築大量的"腹里接火台"。其高大的圓形墩台上，有鋪房二間，駐有瞭守軍，專司傳遞烽燧信息。

4. 防禦組織系統——

▲都指揮使司城——亦稱"鎮城"，為地方性最高軍事設防構造，設有都指揮使司，其目標在軍事防禦和軍事屯田。如遼東都指揮使司亦稱遼東鎮。其長有三：都指揮使由總兵充任，掌印，亦稱鎮守；都指揮同知管軍，由副總兵充任，與總兵同守都指揮使司城的，稱協守；都指揮僉事管屯田。

▲各路參將城——由參將駐守，獨鎮一路。

▲衛指揮使司城——設衛指揮使司，其長有三：衛指揮使，掌印；衛指揮同知，管軍；衛指揮僉事，管屯田。鎮守將校為守備，獨守一衛或要塞或邊堡。屯駐 5600 人。

▲千戶所城——設有千戶所，正千戶，掌印；副千戶有二，一管軍、一管屯田。鎮守將校為守備，屯駐 1120 人。

▲百戶堡（城）——長城沿線內，距邊牆 2～3 公里處，建立防守長城的"營堡"，堡與堡之間的距離為 8～15 公里。設百戶所，其長為百戶，有三：一掌印、一管軍、一管屯田。屯駐 112 人

▲台——有總旗、小旗、戍卒；戍卒有分哨探、走陣、焚荒；總旗轄兵 50 人。

圖 5-1　16 世紀晚期的北邊軍鎮圖

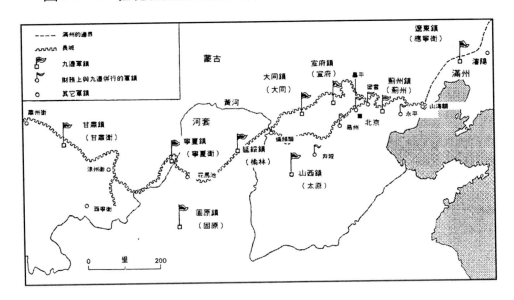

圖片來源：黃仁宇《十六世紀明代中國之財政與稅收》頁 33 之附圖。

二、修邊築堡的事功

張居正不僅在思想上堅決主張修邊以固疆圉，在實務上，他更是大力的整修邊堡。除見之端倪於上舉各條外，在其書牘中，也可看到他特遣兵部司屬，前往邊鎮實地勘察墙堡工程之事；〔註10〕他甚至細到，認爲大同鎮的墩墙，俱用包磚「誠爲一勞永逸之計」；更關心到，六百里邊墙取之於班軍的口糧，能否辦到？即希望巡撫賈應元與新任的宣、大總督鄭洛好好地商計；〔註11〕對一向外傳，工程艱鉅難成的山西鎮神池、利民二堡，在其完工時，則不掩興奮而讚歎用事者山西巡撫高文薦之功，若「鬼神之所輸」。〔註12〕張居正臨事之細、之深、之勤與其嚴整、大器，從這些修邊文獻中，再次展露無遺。爲了瞭解他修邊築堡的實際政績，余乃根據《大明會典》〔註13〕與《明實錄類纂》〈軍事史料卷〉〔註14〕有關資料，編製〈明隆慶、萬曆初年九邊鎮戍資料簡表〉一種見（表5-2）。

表5-2　明隆慶、萬曆初年九邊鎮戍資料簡表

邊　鎮 萬曆 12 年資料數		年代	城 臺 工 程 沿 革	撥 修邊 費	備 註
遼東： 城堡	279 座	隆慶 5 年	置造各城堡四面懸樓 10 數座。		題准。
空心敵臺	31 座	萬曆 元年	發太倉銀，爲前修築敵臺、移建城堡支用。	4,120 兩	另保定 15,000 兩。
邊腹敵臺	90 座				
墩臺	2,710 座	萬曆 2 年	造空心敵臺，兩臺之間用磚與亂石爲牆，臺牆相連以便固守。		題准。
原額官軍	94,693 名				
現額官軍	83,340 名	萬曆 5 年 3 月	發太倉銀，爲遼東防工兵餉。	18,000 兩	
原額馬	77,001 匹				
現額馬	41,830 匹				

〔註10〕《張居正集》第二冊，頁 495，萬曆 2 年〈答延鎮巡撫張太石〉。
〔註11〕《張居正集》第二冊，頁 862，萬曆 7 年〈答大同巡撫賈春宇計遼薊協爲聲援〉；《明督撫年表》卷 2，頁 111。
〔註12〕《張居正集》第二冊，頁 884，萬曆 8〈答邊鎮巡撫高鳳渚〉。
〔註13〕東陽撰、申時行修《大明會典》（臺北：新文豐出版股份有限公司 1976 年 7月，初版）。
〔註14〕李國祥、楊昶主編、吳柏森編《明實錄》〈軍事史料卷〉（武漢：武漢出版社 1993 年 12 月，初版）。

薊鎮： 城堡 285 座 空心敵臺 1,240 座 潮河川大橋 1 座 原額官軍 39,339 名 現額官軍 31,658 名 原額馬 10,700 匹 現額馬 6,399 匹	隆慶2 年	薊、昌二鎮分為 12 路，將邊牆稍加厚，二面皆設垛口，其緩者計 100 步、衝者 50 步或 30 步，即築一墩臺，視邊牆高一倍，廣 12 丈，內容 50 人。共築 1500 座，令邊軍哨守。		題准。
	隆慶6 年11 月	薊遼總督劉應節題稱：修完城堡 120 餘座，用過官銀 32,200 餘兩，尚餘 1,780 餘兩，應修之處尚多，請發帑 20,000 兩。部復：折半予之，限 3 年修完。	10,000 兩	
昌平： 城堡 28 座 空心敵臺 250 餘座 守邊墩臺 169 座	萬曆元年	灤河以東，居庸以西及松、棚諸路，再增臺 200 座。		題准。
	同年	曹家寨將軍臺地，跨山橫築內城，守以 7 臺。		議准。
	萬曆4 年	薊、昌二鎮，應修邊牆 90 餘里，添築墩臺 500 座。		題准。
宣府： 城堡 71 座 原額官軍 151,452 名 現額官軍 79,258 名 原額馬 55,274 匹 現額馬 33,147 匹	隆慶元年	宣、大挑修邊濠，蓋造營房，砌獨石、馬營 2 城。		題准。
	同年8 月	發兵部馬價銀、戶部太倉銀，給宣府增築鎮城。	4,000 兩	從總督王之誥奏。
	隆慶2 年	宣府北路龍門所，自盤道墩起，迄靖胡堡大衙口止，建設外邊一道，益以墩臺。		題准。
	萬曆2 年7 月	發河南班價銀 27,100 兩、太僕寺馬價銀 14,342 兩，為宣府修築北路龍門所自盤道堡起，迄靖胡堡，鹽菜口糧之費。	41,442 兩	
大同： 城堡 64 座 敵臺 89 座 墩臺 788 座 原額官軍 135,778 名 現額官軍 85,311 名 原額馬 51,654 匹 現額馬 35,870 匹	隆慶3 年	大同原設大邊、二邊、三邊，近來大邊盡廢。該鎮總督、鎮、巡嚴督各參將、守、操等官，幫築沿邊墩臺，上蓋墩房。		題准。
	萬曆2 年	兵部咨修大同邊牆，戶部動支太倉銀庫，分作 5 年，每年發 5 萬兩，末一次發 62,668.42 兩。	262,668.42兩	今大虜款塞，貢市不絕，內備漸修飭。以直虜庭故，禁令特詳。

山西： 城堡、墩臺　　共3711處 、空心敵臺 、隘口 原額官軍　　25,287名 現額官軍　　55,295名 原額馬　　　6,551匹 現額馬　　　24,764匹	萬曆 3年	山西三關，惟偏、老沿邊地方， 自蕨菜茆起，至老牛灣止，邊長 110里，添設磚包空心樓15座、 實心樓15座、土築敵臺216座， 仍通修邊墻，務高堅如法，堪以 拒守。		題准。
延綏： 城垣　　　　62座 民寨堡城　　149座 寨城　　　　55座 空心敵臺　　239座 敵臺　　　　116座 墩臺　　　　1,316座 原額官軍　　80,196名 現額官軍　　53,254名 原額馬　　　45,940匹 現額馬　　　32,133匹	隆慶 元年	榆林鎮邊墻，自石峽墩迤東，至 長樂地界一帶，及鎮城東西北三 面，外邏城垣俱分段修築。		題准。
	同年 2月	發太倉銀，備募軍修邊之用。	40,000兩	題准。
	隆慶 3年	修築延綏鎮沿邊，東起黃甫川邊 墻及鎮城迤西至長樂20里，通以 5年為限。		題准。
	萬曆 2年	延綏墩臺一墩止軍10名，不能固 守。邊內險阻可建墩院者，仍行 增築。又於10里之間，酌量緩急 以為寨城。		題准。
	同年	修建延綏一鎮，三段邊墻671里、 墩臺75座、墩院8座、寨城7座、 石砌大川河口一處、土築大川河 口四處、石砌河口水洞連臺1座、 石券關門1座、石砌并土築溝口 17處、磚石券砌大小水洞閘門83 處、水口45處、水眼51處、水 道425處。		題准。
	萬曆 3年	延綏之榆林、神木、定邊、靖邊 四道，築空心敵臺。		題准。
寧夏： 營堡城　　　94座 關城　　　　6座 敵臺　　　　35座 墩臺　　　　534座 關隘　　　　33座 原額官軍　　71,693名 現額官軍　　27,934名 原額馬　　　22,182匹 現額馬　　　14,657匹	隆慶 元年 8月	發戶部太倉銀、兵部馬價銀，為 修築城堡之費。	22,000兩	
	隆慶 2年	發太倉銀修邊。	10,000兩	
	萬曆 2年	修築寧夏鎮城及平虜城迤北，長 城邊墻2000餘丈。于中衛舊勝金 關，築關蓋房。附近夷廠墻裏建 堡築墩，屯兵集貨，以防他虞。 就設公館，為監市各官棲止之 所。		題准。

	萬曆5年閏8月	命發太倉銀13,690餘兩、兵部馬價銀13,640餘兩，爲寧夏皂□溝等處築牆之用。	27,330兩	
固原： 護城堡墩 敵角臺　　　4,010座 城堡　　　　　885座 戰敵等臺　　　820座 原額官軍　126,919名 現額官軍　90,412名 原額馬　　32,250匹 現額馬　　33,842匹				
甘肅： 城垣堡寨　　　495座 關隘　　　　　104處 原額官軍　91,571名 現額官軍　46,901名 原額馬　　29,318匹 現額馬　　21,660匹	隆慶元年	于山丹等處一帶臨邊地方，修築墩臺。		題准。
	萬曆2年4月	發戶部銀，予甘肅五道修邊。	11,140餘兩	
	萬曆2年閏12月	發太倉銀爲甘肅抵還修邊軍餉之數。	21,945兩	

資料來源：1. 明李東陽、申時行等編撰：《大明會典》卷之一百二十九兵部十二、卷之一百三十兵部十三。

2. 表列經費各條，引自吳伯森編：《明實錄類纂》軍事史料卷十一。

根據這個表，統計一下萬曆十二年，北方九邊相關鎮戍的總數據如次：原額軍官816,928名，現額官軍553,363名；原額馬320,775匹，現額馬225,114匹；除山西一鎮另計外，其餘八鎮城堡1,706座，城垣62座，民寨堡城149座，寨城55座，城垣堡寨495座，空心敵臺1,760座，敵臺5,160座，墩臺5,517座，關城6座，關隘137處，總共15,047處；如再加上山西鎮的城堡、墩臺、空心敵臺、隘口等3,711處，合計18,758處。這個數目，遠遠超過嘉靖二十一年《九邊考》內營堡、關塞、墩台等合計的557處〔註15〕，外加墩空數百的統計數目。前後三十七年間，其差距幾達18,000處；保守估計萬曆十二年墩臺、關塞、城堡等總數，約當嘉靖二十一年的18倍〔註16〕。即使僅統

〔註15〕見表5-1。
〔註16〕嘉靖21年：城堡175，關塞212，墩台170，墩空數百≒1000處；則18,758／1,000≒18。

計隆慶元年至萬曆十年張居正在閣期間，經題准修築的城堡、敵臺、墩臺、水道、闇門等邊防工程，保守估算約 3,306 處，亦約當嘉靖二十一年全邊歷朝累積總數的 3.3 倍〔註17〕。這中間所隱含的意義，不言可喻。

第二節　察虜安邊

在張居正整個整飭武備基本思想的架構中，〈陳六事疏〉裡「不忘有事」的國家危機意識，實居上位。惟其在此心理情境下，天子的「赫然奮發」與屬任謀臣的「熟計而審行之」，才能有所依托；而「修築邊墻」、「團練鄉兵」、「併守墩堡」等邊政的修舉，也才能強健、務實，而不疲靡地逐步推行。但「不忘有事」的國家危機意識，要從何處體現？以當時明朝整個國家的情勢來說，北方韃靼的侵犯，正是明廷的切膚之痛。它正在不斷的侵蝕國力，造成北方的動盪、人民的傷害與社會的不安。如果處理不好，極有可能會擴大成內憂外患的局面，而影響大明國祚的存續。張居正很清楚，這正是當前國家的危機所在。他必須充分瞭解所有敵我雙方的邊情狀況，以為運籌、總持之據。尤其是北方韃虜的動態，更必須隨時掌握。就此，熊十力曾作如是論述：

> 江陵似有四夷情報處之組織。雖史傳不見明文，然其有此種辦法，則確爾無疑。余從其書牘推考，彼於此廣博偉大之中國，由東北至西北，皆狂狡逼處。復由西番迄西南群盜，稱王稱帝者，所在多有。而閩、粵、浙之海盜、倭寇，又縱橫沿海數千里。環四周遼闊而極其複雜之夷情，其強弱之勢、狡變之奇、離合之詭、乘吾隙而圖犯之幾，諸邊帥往往有探報未確，而江陵則一一獨照而數計之，不爽毫髮。雖復神智過人，然若無各方情報，彼將何所依據，而可任胸臆以作判定乎？漢以來當國之英，知留心四夷情報者，吾必以江陵為第一人。余揣彼之措劃，大概一方面責成諸邊將吏，培養熟悉夷務人才。一方面必于其左右，亦多有此項人才。彼可以邊方探報之資料，與左右訪察之資料，互相推勘，而得其實。是以安坐中樞，而能明見萬里外，總持大計，指揮邊帥，算無遺策也。〔註18〕

〔註17〕3306／1,000≒3.3。
〔註18〕《論張江陵》頁 78。

這段議論有幾個要點：一、張居正似設有四夷情報組織。二、漢以來留心四夷情報者，居正為第一人。三、複式的情報推勘法。四、情報內容包括夷情的強弱、狡變、離合與圖犯之幾。五、總持大計、指揮邊帥，算無遺策的情報分析與運用。該第一、第二點囿於史料依據，無以為斷，惟熊十力對張居正的推崇可謂高矣。至於第三、四、五點，余究之居正文牘，以為其論甚是。茲舉證並衍述如次：

一、複式的情蒐與情資勘鑑

張居正的夷虜情報來源，查有薊遼總督譚綸、〔註19〕遼東巡撫張學顏、〔註20〕薊鎮總兵戚繼光、〔註21〕宣大總督王崇古、〔註22〕宣府巡撫吳兌、〔註23〕大同巡府賈應元、〔註24〕宣大總督鄭洛、〔註25〕宣府巡撫張嘉胤〔註26〕等。就這個現象來說，似可推認只要身為總督或巡撫者，即負有蒐報邊情的責任；何況萬曆二年，他在〈答宣府巡撫吳環州料虜虛報誑賞〉函中，亦提道：

> 薊鎮之報，竟成烏有，皆屬夷誑賞之言。但彼中任事者，利害切身，一有所聞，輒行奏報，為他日免罪之地，固未暇審其誠偽也。此等事，但觀廟堂處分何如？〔註27〕

很確定，這「彼中任事者，利害切身，一有所聞，輒行奏報，為他日免罪之地」，就是「情報責任制度」。可以說總督、巡撫既有的官僚體系，即為張居正重要的情報系統，但終非是熊十力所謂的「四夷情報組織」可比。

至於夷虜情報來源的可靠性、內容的正確性如何？這涉及到推勘、鑑定的層面。張居正又如何處理？且看，萬曆三年六月之事，當時遼東巡撫張學顏傳報：「虜賊二十餘萬，謀犯遼東，前哨已到大寧。」請兵、請糧，急如星火，神宗深以為憂；而薊鎮總兵戚繼光則報稱：「諸酋久已解散，時下正議挈兵。」兩者有異。張居正再遣人於宣府邊外密探，偵得虜酋青把都一向

〔註19〕《張居正集》第二冊，頁 148。
〔註20〕《張居正集》第一冊，頁 183。
〔註21〕《張居正集》第一冊，頁 183。
〔註22〕《張居正集》第二冊，頁 148、162。
〔註23〕《張居正集》第二冊，頁 510、529、533。
〔註24〕《張居正集》第二冊，頁 834、1037、1086。
〔註25〕《張居正集》第二冊，頁 922、1000、1083。
〔註26〕《張居正集》第二冊，頁 980、1066。
〔註27〕《張居正集》第二冊，頁 485。

在巢〔註28〕住牧，並未東行。顯然遼東、薊鎮二處，皆爲原報所誑，而誤傳軍情。儘管張居正即時的採取複式情蒐與情報勘鑑，而釐清了此事。但他卻深慮邊臣的不知虜情，而上陳〈論邊事疏〉，請旨「詰以虜情虛實之由，使之知警」。他說：

> 夫兵家之要，必知彼己，審虛實，而後可以待敵，可以取勝。今無端聽一訛傳之言，遽爾倉皇失措，至上動九重之憂，下駭四方之聽，則是彼己虛實，茫然不知，徒借聽於傳聞耳。其與風聲鶴唳、草木皆兵者何異？似此舉措豈能應敵？且近日虜情狡詐，萬一彼常以虛聲恐我，使我驚惶，疲於奔命；久之懈弛不備，然後卒然而至，措手不及。是在彼反得先聲後實，多方以誤之之策；而在我顧犯不知彼己，百戰百敗之道。他日邊臣失事，必由於此。故臣等不以虜之不來爲喜，而深以邊臣之不知虜情爲慮也。……臣等謂宜特諭該部，詰以虜情虛實之由，使之知警。且秋防在邇，薊遼之間，近日既爲虛聲所動，徵調疲困，恐因而懈息，或至疏虞，尤不可不一儆戒之也。〔註29〕

類此例子，之前尚有隆慶四年八月的〈答薊遼總督譚二華言邊事〉，居正將來自西邊大同的密報，與來自北邊薊鎮密雲〔註30〕的情資兩相比對，並參以「虜中荒旱，饑疲馬弱」的虜情，而勘鑑出「虜之東犯必矣」，惟「諸部東西相牽，必不齊一，或未能深入」的結論。他說：

> 即月三日，得大同密報，言把都兒於月中旬領三十騎來俺酋營，約搶京、薊。俺酋遂率眾於二十等日，徙營威寧海之東，調集諸部，日漸東行云云。據此，與公所偵探相符，則虜之東犯必矣。聞虜中荒旱，饑疲馬弱，諸部東西相牽，必不齊一，或未能深入，然不可不爲之備。〔註31〕

儘管事後證明，這是一個不盡正確的情資勘鑑。〔註32〕但這種交叉、複式的

〔註28〕 瞿九思《萬曆武功錄》卷9：「青把都，始故授我指揮同知也。所居在大沙窩、三間房（今察哈爾之多倫），旁近赤城。」（臺北：廣文書局1972年元月，初版），頁19。

〔註29〕 《張居正集》第一冊，頁183。

〔註30〕 《明督撫年表》頁1：嘉靖33年，以密雲咫尺陵京，接連黃花、渤海，去石塘嶺、古北口、牆子嶺，各不滿百里，移總督駐密雲。

〔註31〕 《張居正集》第二冊，頁148、149；把都兒即俺答第昆都力哈之子青台吉。

〔註32〕 《張居正集》第二冊，頁485，萬曆2年〈答宣府巡撫吳環洲料魯虛報誑賞〉。

參證方法，即使以現代情報鑑定的角度來看，也不過如此。

二、處理情資的態度與情蒐要求

前面提到隆慶四年八月三日，張居正接獲大同密報「北虜約寇京薊」，二十日俺答調集諸部「日漸東行」。張居正雖研判俺酋必然東犯，但未必會深入內地，寇患應不致太過嚴重。不過根據《明通鑑》所載：

> 八月，庚戌，諳達（俺答）及子錫林阿大舉入寇，宣、大告警。時李春芳雖爲首輔，而政自高拱出。一時京師戒嚴，拱請命侍郎曹邦輔、王遴督師列陣以待，以都御史栗永祿守昌平，護陵寢，起劉燾于天津，守通州倉儲，命總督王崇古、譚綸主進勦機宜，戴才理糧餉，邊境得無事。〔註33〕

顯然，高拱是以如臨大敵、京師戒嚴、全面攻守的部署來因應之，結果是「邊境得無事」。這是《明通鑑》正面的表述。但是，當我們看到張居正於萬曆二年對該事的檢討，所得的感受，卻截然不同。他說：

> 因憶前隆慶庚戌，宣、大忽報西虜犯薊，薊人偵探者，因遂稱見虜已西行，犯在旦夕。各路之兵，嬰牆擺守，京師亦爲之戒嚴。廟堂皇皇，即議守城之策。是時內江方幸虜之來，以信其言。興化不能主持，舉措紛紛，皆極可笑。而虜終無影響，防守一月見罷，費以數十萬計。〔註34〕

他將舉措紛紛防守一月，費以數十萬兩，而虜寇終不見影響，形容爲笑柄一樁。這是情勢誤判、反應過度的代價。類此，他於萬曆三年，再度對宣府巡撫吳兌說：「近有一科臣，聞遼虛報，遂欲防守京城，濬壕塹、掘戰坑以禦虜者。虜在何處，而張皇如是，使人悶悶。此疏若行，豈不遠駭聽聞，取笑夷虜。」〔註35〕可以看出，張居正對風聲鶴唳的戰報，不加過濾、查證、判斷即張皇措處的態度，是深以爲戒的。他告訴吳兌，在面對不斷傳來的夷情時，必須「鎮靜持重」、「務以整暇」、「勿致張皇」。〔註36〕此外，他對情蒐的要求，有四：

〔註33〕《新校明通鑑》卷65，頁2533。
〔註34〕《張居正集》第二冊，頁485。內江者趙貞吉，禮部尚書兼文淵閣大學士；興化者李春芳，武英殿大學士，時任內閣首輔。
〔註35〕《張居正集》第二冊，頁533，萬曆3年〈答吳環洲論邊臣任事〉。
〔註36〕《張居正集》第二冊，頁485。

其一、不得匿報或疏報。此即前述「彼中任事者，利害切身，一有所聞，輒行奏報，爲他日免罪之地」的情蒐責任，茲不再贅。

其二、不得妄報。他曾懇切要求吳兌，自今東西虜情「的有所聞」仍望密報，以虜情變化無常，不必「定以今日所言者爲是，所聞者爲確」，〔註37〕此即所謂的「與時推移」「如實反應」。對於訛傳邊情、妄報汛警以冒功邀賞者，則表示已奉嚴旨督責，無所容之。如：

萬曆三年另答吳兌：

> 辱示虜情，宛若指掌，至謂「虜酋假虛聲以邀賞，邊將信訛傳以希功」二語，深中時弊。……昨奉嚴旨督責，當無所容矣。〔註38〕

萬曆七年初〈答總憲吳近溪〉：

> 近來海上多妄報汛警，冒功邀賞，將來或生他釁。不肖深以爲慮，故前擬旨戒諭。〔註39〕

其三、要快速。對有時效性或需要充裕時間預爲籌措、因應的情報，張居正會要求快速通報。如

萬曆九年，對宣府巡撫張嘉胤說：

> 青酋既認二弟東犯，亦見畏順。然此酋與東虜合從，不獨今歲爲然，今雖懲罰，恐亦不能終禁。此後但責令探得東虜作賊的耗，即飛報我知，使我得預備，亦足以明彼心跡。即去秋土蠻入遼左，其中亦豈無貢市之夷。幸大同、山西於市場上偵得消息，密以告僕，即夙戒薊、遼整旅以待，故無大失。〔註40〕

其四、要保密。就文牘資料所示，張居正在指示邊臣蒐報夷虜情資時，有時會在函末表示：「偵得消息，密以告僕」、「望即密示，以信所聞」、「的有所聞，仍望密以見示」等期盼語，如隆慶四年〈與宣大總督王鑑川訪俺答爲後來入貢之始〉、〔註41〕萬曆三年〈答吳環洲論邊臣任事〉、〔註42〕萬曆八年〈答宣大總督鄭範溪〉、〔註43〕萬曆九年〈答宣府巡撫張崌崍〉〔註44〕等是；但有的

〔註37〕《張居正集》第二冊，頁533〈答吳環洲論邊臣任事〉。
〔註38〕《張居正集》第二冊，頁529〈答吳環洲〉。
〔註39〕《張居正集》第二冊，頁821。
〔註40〕《張居正集》第二冊，頁980，萬曆9年〈答薊遼總督張崌崍〉，題銜疑誤；二弟，即青台吉之弟滿五大。
〔註41〕《張居正集》第二冊，頁162。
〔註42〕《張居正集》第二冊，頁533。
〔註43〕《張居正集》第二冊，頁975，〈答宣大巡撫鄭範溪〉題銜疑誤。

則無此要求，如萬曆七年〈答邊鎮賈巡撫〉、〔註45〕萬曆九年〈答大同巡撫賈春宇言邊事〉、〔註46〕〈答宣府張嶇崍〉、〔註47〕萬曆十年〈答大同巡撫賈春宇計俺酋死言邊事〉〔註48〕等。這之間「繫密」的標準爲何？從其內容來看，迄無答案。

三、夷虜情資的類別與安邊作用

以北疆邊情爲例，就當時張居正所收到的情資來看，其內容約可歸納爲「虜勢之強弱」、「虜之行措、離合」、「虜之圖犯」等三大類，茲迻錄相關牘文如次：

其一、虜勢之強弱類。多以虜酋病情、亡歿爲主，間雜有順義王俺答對部族的約束實力等，計九條

1、把都、吉能一時俱殞，黃酋亦且病發，天之亡胡，於茲見矣。〔註49〕

2、虜酋之死，可喜也，亦可慮也。喜者，卜胡運之將衰；慮者，恐諸部之無主。今歲貢市之愆期，是其明驗。……比探得虜情一紙，錄以公覽。今俺酋無恙，目前諒不至乖張，但在我備禦之策，貴在急圖。〔註50〕

3、聞俺酋病甚，有如不起，則疆場之事，不免又費一番經理。黃酋近日窮居塞外，動靜何如？將來局面，當作何狀？今宜預思所以處之之術。〔註51〕

4、順義病既狼狽，豈能復起。……順義一故，變態百出，顧吾所以應之何如。此事勞公經畫。然拓土開疆，安邊服遠，亦在於此。〔註52〕

5、近得西部消息，言順義病已沉錮，部下酋長，各自爲心。此酋死，虜中當大亂，恐土酋將乘其敝。諸制禦方略，願公預圖之。〔註53〕

6、聞去年黃酋欲作賊，問於順義。順義亦答云：「宣、大是貢市地方，

〔註44〕《張居正集》第二冊，頁 1058。
〔註45〕《張居正集》第二冊，頁 834。
〔註46〕《張居正集》第二冊，頁 1037，〈答宣大巡撫賈春宇言邊事〉題銜疑誤。
〔註47〕《張居正集》第二冊，頁 1066。
〔註48〕《張居正集》第二冊，頁 1086。
〔註49〕《張居正集》第二冊，頁 283，隆慶 6 年夏〈答王鑑川論虜運之衰〉。
〔註50〕《張居正集》第二冊，頁 286，隆慶 6 年夏〈與王鑑川計虜情〉。
〔註51〕《張居正集》第二冊，頁 510，萬曆 3 年〈答宣府吳環洲〉。
〔註52〕《張居正集》第二冊，頁 922，萬曆 8 年〈答宣大總督鄭範溪〉。
〔註53〕《張居正集》第二冊，頁 931，萬曆 8 年〈答宣府張巡撫〉。

不可輕動，他處我不管。」推此言之，順義亦不能盡縛諸酋手足也。

〔註54〕

7、承示，虜王病篤，今番恐不能起矣。頃報套虜西搶者，知虜王病，亦皆洶洶。況板升之人，素依老酋爲主，老酋死，那吉弱，不能拊其衆，加以荒旱，諸夷思亂，虜中自此多事矣。〔註55〕

8、近報順義已故，虜中無主，西掠之衆，恐不能悉遵約束，宜謹備之。

〔註56〕

9、俺酋未死數年之前，僕已逆慮及此。諸公但審偵虜情，有當處者，亟以見教，聖明在上，自有主斷也。〔註57〕

其二、虜之行措、離合類。其有歸附來降、殺戮西僧、虜部行止、部族搆隙、旱市隱情等，計七條

1、昨有人自雲中來，言虜酋有孫率十餘騎來降，不知的否？俺答之子現存者，獨黃台吉一人耳，其孫豈即黃台吉之子耶？彼何故率爾來降？公何不以聞？若果有此，於邊事大有關係，公宜審處之。望即密示，以信所聞。〔註58〕

2、近聞順義已歸，七八月可到。又將喇麻僧盡行殺戮，必忿其敗而逞怒於西僧也。老酋舉動乃爾，不知的否？幸差人偵實，仍思撫馭之策。

〔註59〕

3、黃酋近聞已赴西市，惟鎮靜以處之，彼之技倆有盡，終當入彀也。土酋已入遼左，薊門亦甚戒嚴。西酋諸部皆有隨行者。聞順義宿疾又發，冬春之間，恐難起也。〔註60〕

4、近聞青把都、白洪大俱遣其心腹人於順義處議事，不知所議何事也？幸差人密偵見教。〔註61〕

〔註54〕《張居正集》第二冊，頁979，萬曆9年〈答宣大總督〉。

〔註55〕《張居正集》第二冊，頁1083，萬曆10年初〈答宣大總督鄭範溪〉。

〔註56〕《張居正集》第二冊，頁1085，萬曆10年春〈答巡撫吳公定〉，題銜疑誤。

〔註57〕《張居正集》第二冊，頁1086，萬曆10年春〈答大同巡撫賈春宇計俺酋死言邊事〉。

〔註58〕《張居正集》第二冊，頁162，隆慶4年10月〈與宣大總督王鑑川訪俺答爲後來入貢之始〉；雲中者大同鎮也。

〔註59〕《張居正集》第二冊，頁834，萬曆7年〈答邊鎮賈巡撫〉。

〔註60〕《張居正集》第二冊，頁972，萬曆8年〈答宣府巡撫張崌崍〉。

〔註61〕《張居正集》第二冊，頁975，萬曆8年〈答宣大總督鄭範溪〉。

5、辱示,恰酋東行已止,黃酋病革,皆邊疆之利。公所處畫,悉中機宜。
〔註62〕

6、近聞俺答婿宰生,與東部搆隙,其事竟如何?幸差人偵實見示。
〔註63〕

7、承示,順義諸酋,表貢已入。夷情亦加恭順,慰甚。早市因懲於昨年
之失利,但恐別有隱情,亦望密偵見教。五月末旬,京師連朝甘雨,
塞下不知何如?〔註64〕

其三、虜之圖犯類。列有隆慶三條、萬曆二條,合計五條:

1、近聞虜欲西犯,今士馬之力萃於薊矣,如不得志必將東逞,願公嚴備
之。〔註65〕

2、承示,虜賊聚兵,及三路入犯,恐屬未的。何者?虜若大舉,必不
止於八千一萬。審欲大舉,亦必匿形斂翼,豈肯以三路之說,明告
於人?且今天氣漸熱,虜馬已弱,零騎往來,難保必無,若欲深入,
恐非其時。雖然,不可不過爲之防也。已告於本兵,俟有的報即行
調遣。〔註66〕

3、即月三日,得大同密報,言把都兒於月中旬領三十騎來俺酋營,約搶
京、薊。俺酋遂率眾於二十等日,徙營威寧海之東,調集諸部,日漸
東行云云。據此,與公所偵探相符,則虜之東犯必矣。聞虜中荒旱,
饑疲馬弱,諸部東西相牽,必不齊一,或未能深入,然不可不爲之備。
〔註67〕

4、前據薊報,滿五大等往屬夷營祭神,到即入犯,其來甚速,蓋掩我不
備也。青酋狡詐多端,與東虜合從,情狀已實;但其身未親行,故往
往用以自解。宜時時偵其嚮往,以便防禦,未可遂信其無他也。〔註68〕

5、承示虜情入犯消息,出於虜婦之口,必爲眞確,已馳報該鎮嚴備矣。
〔註69〕

〔註62〕 《張居正集》第二冊,頁1000,萬曆9年〈答宣大總督鄭範溪〉。
〔註63〕 《張居正集》第二冊,頁1066,萬曆9年春夏交〈答宣府張崌崍〉。
〔註64〕 《張居正集》第二冊,頁1037,萬曆9年〈答大同巡撫賈春宇言邊事〉。
〔註65〕 《張居正集》第二冊,頁7,隆慶1年〈答巡撫魏確菴〉。
〔註66〕 《張居正集》第二冊,頁48,隆慶3年〈與薊遼督撫（譚綸）〉。
〔註67〕 《張居正集》第二冊,頁148,隆慶4年8月〈答薊遼總督譚二華言邊事〉。
〔註68〕 《張居正集》第二冊,頁979,萬曆9年〈答宣大總督（鄭洛）〉。
〔註69〕 《張居正集》第二冊,頁1066,萬曆9年春夏之交〈答宣府張崌崍〉。

　　以上邊情共舉二十條，多爲張居正在接獲情資後的函復，其中也有主動要求查告的。觀其內容，有蒐報項目、有虜情分析、更有因應措施的指示，幾乎全涉及邊防的安全問題。例如對於虜酋俺答的身體狀況，張居正始終予以高度的注意，與充分的瞭解。他分析，只要俺答無恙，儘管不能全面、有效地約束其族部無害邊防，但至少可令其不致乖張，維持住大體的安定。不過即使如此，仍應急圖「備禦之策」，以防萬一。迨聞俺答病危，則思其子黃台吉〔註70〕，動靜何如？當作何狀？並料虜將大亂，恐東部土蠻〔註71〕將乘其敝。應預思「所以處之」之術與諸「制馭方略」。及至俺答病卒，以虜中無主，恐不能約束西掠之眾，而飭邊臣嚴加戒備。這是典型的情資運用，也是他「外示羈縻、內修戰守」、「制虜而不制於虜」〔註72〕等邊防思想的具體展現。

　　再如前揭「其二之1」條，隆慶四年十月，張居正從大同鎮的來者，得悉有虜酋之孫率十餘騎來降的粗略消息，即直覺到「此於邊事大有關係」。馬上函詢宣大總督王崇古「何以不聞？」並要求審處、密示，以信所聞。待收到王崇古有關俺答之孫把漢那吉來降的正式報告後，隨即於十一月再函復指授機宜，首在堅壁清野、扼險守要以待敵；次則威脅利誘俺答，欲得其孫，自當「卑詞效款」、或「斬吾叛」、盟誓數年「不犯吾塞」：

> 項據報，俺酋臨邊索要。僕正恐彼棄而不取，則我抱空質而結怨於虜，今其來索，我之利也。公第戒勵將士堅壁清野，扼險守要以待之。使人以好語款之曰：「吾非誘汝孫來降，彼自慕吾之化，醜彼之俗故來耳。中國之法，得虜酋若子孫者，賞萬金，爵通侯。吾非不能斷汝孫之首以請賞，但以彼慕義而來，又汝親孫也，不忍殺之，且給賜衣服飲食甚厚。汝欲得之，自當卑詞效款，或斬吾叛逆趙全等之首，盟誓於天，約以數年騎不入吾塞，乃可奏聞天朝，以禮遣歸。今乃肆其凶逆，稱兵挾取，吾豈畏汝者！今宣、大人馬，非復往年之比，汝來則來，吾有以待之。且聞汝子辛愛，怨汝之愛少妾，

〔註70〕《萬曆武功錄》卷之八，黃台吉列傳，頁177、191、195、196：黃台吉，俺答長子也。萬曆9年12月俺答卒，10年10月與父妾三娘子婚，11年神宗諭黃台吉襲順義王，更名乞慶哈。萬曆13年12月亡。

〔註71〕《萬曆武功錄》卷之十，土蠻列傳，頁107、161、162，土蠻者或名土蠻罕、或名土買罕、或名察罕兒、或名插漢兒，故胡元苗裔，打來孫長男，俺答君長也。所部皆朵顏蟒惠、伯戶、鵝毛、壯兔等，控弦之士六萬，最精壯。意中獨戀戀貢市二十餘年，迺卒不可得，老死而憾。

〔註72〕《張居正集》第二冊，頁263，隆慶6年春〈答宣府巡撫計處黃把二虜〉。

溺幼子，誘納吾中國叛人，疎其種類，旦夕且將殺汝。汝肘腋之患

不虞，而何以汝孫爲哉！」彼聞此言，未必不動。〔註73〕

此外，張居正尙指授王崇古，密誘把漢納吉之奶公，殺取俺答之首，即封那吉爲王，遣兵送歸故地，永爲中國藩籬、長享富貴。並激勉王崇古：虜之入犯是爲常事，即若把漢不降，俺答亦必入，而我亦必防禦。必須堅持初衷、審定計謀、毋爲眾言所淆。何況冬節已深，塞外草枯，虜眾必不能持久。〔註74〕張居正更要求王崇古，在處分此事之前，應先與他商量，才可題請。〔註75〕他先後與王崇古通函十一次，終於在隆慶五年三月己丑，穆宗詔封俺答爲順義王，名所居曰歸化城。〔註76〕這是張居正情報運用的極致，也是「萬初之治」西北邊疆安定的關鍵一著，其功大矣。

對於邊防的安寧，張居正一向戒愼、不敢大意，如其所說「僕內奉宸辰，外憂邊境，一日之內，神游九塞，蓋不啻一再至而已」。〔註77〕他提醒邊疆大吏，即使邊圉無虞，亦不可稍懈，豈可視外夷的強弱，以爲邊防之緩急。〔註78〕必須預修戰守，常存儆備。〔註79〕不僅居正的態度如此，連神宗皇帝對邊防的關注，亦處在高度的警覺狀態中。這可從萬曆九年正月初五，發生的一件事情看出：當時神宗齋宿文華殿，是日大風，黃塵蔽天，乃遣文書傳諭：「今日風氣不祥，恐有邊事。與先生說，可申飭邊臣，加意儆備。欽此。」〔註80〕以當時大明朝最有權勢的兩個人—皇帝與首輔，他們的思想、態度既是如此，就不難理解前揭「其三」各條所舉，一有「邊警」，即復之以「願公嚴備之」、「不可不過爲之防」、「宜時時偵其嚮往，以便防禦」及「已馳報該鎮嚴備」等期盼或指令，豈只是一般的文牘套語。其間所隱含的千斤責任、萬鈞重擔，可關係到邊境的安寧、生靈的塗炭與國祚的存續啊！

〔註73〕《張居正集》第二冊，頁163，隆慶4年11月〈答鑑川策俺答之始〉。
〔註74〕《張居正集》第二冊，頁164，隆慶4年11月〈答鑑川策俺答之始〉。
〔註75〕《張居正集》第二冊，頁171，隆慶4年11月〈與王鑑川言制俺酋款貢事〉。
〔註76〕《新校明通鑑》卷65，頁2541、2542。
〔註77〕《張居正集》第二冊，頁533，萬曆3年〈答吳環洲論邊臣任事〉。
〔註78〕《張居正集》第二冊，頁712，萬曆5年〈答滇撫王凝〉。
〔註79〕《張居正集》第二冊，頁345，隆慶6年〈答總憲朱龍岡〉。
〔註80〕《張居正集》第二冊，頁976，萬曆9年〈與宣大薊遼邊鎮傳備邊〉。

第六章　結　語

一、憂患意識與平實而重行踐的思想特色

綜觀張居正整飭武備的基本思想，本源自韃靼寇躪北疆，而國力虛疲無以應處、生靈塗炭而無能庇護之際。然當其時，有志之士莫不憂心忡忡，而圖振興禦敵之策。此不僅張居正如是，其餘者，在范中義等所撰的《中國軍事通史》第十五卷〈明代軍事史〉裡亦有很深細、完整的敘述：渠等根據 1930 年代陸達節之《中國歷代兵書目錄》所列，經統計從上古到明清的兵書，計有 1304 部、共 6831 卷（內 203 部不知卷數），現僅存 288 部、共 2106 卷。其中以周、唐、宋、明四個時期所著最多，而以明代 268 部（899 卷）、現存 107 部（1071 卷）為冠。尤其明嘉靖之後，一些文人因目擊時艱而勵志武事，或投身軍旅結合或潛心研究兵學；至於總督、巡撫等，亦因指導戰爭的需要，而鑽研兵法。再以理論結合實踐，而概括成新的理論、形成新的兵書；同樣的，武職人員亦復如此。這些新的軍事理論，不僅包含傳統的權謀、形勢、陰陽、技巧四類，還拓展至邊防、海防等領域。闡述邊防、海防的政略、戰略、敵我之情，以及地理、形勢等要項，如許論《九邊圖論》、魏煥《皇明九邊考》、兵部《九邊圖說》、張雨《邊政考》、楊時寧《宣大山西三鎮圖說》、馮瑗《開原圖說》等是；另有訓練部伍的兵書，如戚繼光的《紀效新書》《練兵實務》、李遂的《禦倭軍事條款》、俞大猷的《大同鎮兵車操練法》《廣西選鋒兵操法》《京營戰車近議》、徐光啓《兵法條格》等；至於城防方面，則有呂坤《城守秘要》、劉玄錫《城守驗方》、宋祖舜《守城要覽》、錢栴的《城守籌略》等；此外，尚有專講陣法的《續武經總要》，以及綜合性的兵書，如茅

元儀《武備志》、王鶴鳴《登壇必究》等是。這些著作範圍廣泛、闡述具體深刻，其思想的繼承性與時代的特徵性更爲明顯突出。〔註1〕而張居正的武備思想，如「激發帝志」、「任用賢能」、「節約裕財」、「邊用爲重」、「修舉邊政」、「察虜安邊」等，則零落措置于他的奏疏、文牘之中；論其外形，既非專著，而其體系內涵與前揭諸作相較，亦殊無高超之處。甚者，他的主張在前人諸作中，已有述及之者，如許論《九邊圖論》之防禦策略：「堅壁固守，勤加巡哨，爲耕牧長計，而無狃近利，乃可爲也。其治蠻夷之道，則在率土著良民，得以自相守望，一或不支，爲之連屬，附近地方策應之。」〔註2〕此與張居正「不求近功、不忘有事」、「團練鄉兵、併守墩堡、令民收保」〔註3〕之堅壁清野、軍民協防的思想如出一轍。而居正強烈的「修邊」與「併守墩堡」的主張，又何異於魏煥《皇明九邊考》裡，有關「鎭戍莫急於邊墻」、「設險以守其國，禦戎上策」等「守不可以無險」、「險不可無兵」之論述。〔註4〕由此可見張居正的武備思想，其本質上「平實無奇」。他的特殊之處，不在其思想是否玄奇高妙，而是在他深沉的憂患意識，與強調「崇理務實」、「行之貴力」的主張與實踐之功。他的憂患意識，除表現於〈陳六事疏〉中的「不求近功、不忘有事」的基本觀點外，茲再舉二例說明如次：

其一、隆慶五年三月，明廷冊封北虜俺答爲順義王，雙方雖建立了貢市關係。但張居正依然忐忑，耽心如果貢市不成，必流讒妒之口，或雖成而無益，反貽他日之憂。於是，他深謀遠慮的指示宣大總督王崇古「四事四要」，並表示：

> 封貢議起，發言盈庭，類皆以媚嫉之心，而持其庸眾之見。本兵錯愕惶惑，莫展一籌。不得已乃於文華殿面奏，請旨行之。……然呶呶之喙，雖已暫息；而睊睊之讒，伺釁而動。彼既不能爲，而妒人之有爲，必且幸其人之無功，而求中其說。此僕所以日夜兢兢，不遑寧處者也。〔註5〕

〔註1〕　范中義、王兆春、張文才、馮東禮《中國軍事通史》第十五卷〈明代軍事史〉，（北京：軍事科學出版社 1998 年 10 月初版），頁 806～817。

〔註2〕　許論《九邊圖論》，收於《叢書集成續編》第二四二冊，（臺北：新文豐出版社 1989 年 6 月出版），頁 5。

〔註3〕　《張居正集》第一冊，頁 10，隆慶 2 年〈陳六事疏〉。

〔註4〕　《明代邊防》頁 101。

〔註5〕　《張居正集》第二冊，頁 192，隆慶 5 年〈與王鑑川計四事四要〉；四事者：一、互市初開，邊民畏慮，不敢貿易。虜入不市，釁怨易生。今歲且宜官爲

其二、隆慶六年，穆宗去世、神宗繼位，時北疆因俺答款順，大體安寧。但張居正不放心而上陳〈請諭戒邊臣疏〉，並擬敕稿上進、裁發：

> 皇帝敕諭兵部：朕荷皇天眷命，嗣承大統，內治既定，外備宜嚴。目前邊患雖寧，未可視爲無事。爾兵部便行文與各邊總督、鎮巡等官，秋防伊邇，今歲事體，比之常年，倍宜謹備。選將練兵、積餉修守等項事務，都要著實舉行。如有因循怠玩、沿習舊套以致債事的，都拿來治以重罪，決不輕宥。你部裏亦要常差的當人員，偵探邊事虜情，從實奏報，以俟朝廷處畫。如或矇朧誤事，一體重治不饒。欽哉故諭。〔註6〕

類此防戒性的言論，在張居正的奏牘中，不勝枚舉。可以說，「憂患意識」不但是張居正武備思想的活水源頭，更是貫穿他整個思想體系的主軸。

至於「崇理務實」、「行之貴力」方面，在〈陳六事疏〉裡，他引用西漢經師申培的話：「爲治不在多言，顧力行何如耳」，作爲經國理事的總原則；他反對朝廷「議論太多」、「是非淆於脣吻」、「用舍決於愛憎」、「政多紛更、事無統紀」。他建請穆宗應「掃無用之虛詞」、「求躬行之實效」、「欲爲一事，須審之於初，務求停當；及計慮已審，即斷而行之」；他透過皇帝，要求各部院衙門，應體會朝廷「省事尚實」之意，一切奏章「務從簡切」、是非可否要「明白直陳」、不可「彼此推諉，徒託空言」。〔註7〕我們若從這角度，來重頭檢視張居正的武備思想，就不難理解它的內涵，何以是如此的平實無奇，而卻能扭轉乾坤，開創明祚的新局。即使他的思想，如同黃仁宇所說的「不俱創見」，但就本文對江陵奏牘思想的扒梳、探究，已可反見黃仁宇在《十六世紀明代中國之財政與稅收》中所說的：「他的現存信件，僅僅表明了他的精力，和對職責的獻身」，其觀點允有商榷之處。〔註8〕

處置，使邊民睹利，則人人樂從。二、鐵鍋乃虜所需者，稍出官錢市之，來歲責令如數更換。三、倘邊堡可容，無令得入鎮城。四、馬帥既不能去，宜以計用之。毋令積恨生變；四要者，一、城堡即時修併，邊境之險漸次可復。二、招募沿邊之氓，開墾荒屯，充實行伍，訓鍊勇敢，常若敵來。三、陰察賊情，知其主名，可招則招，不可則擒之。四、預處以杜釁端。

〔註6〕　《張居正集》第一冊，頁64，隆慶6年。
〔註7〕　《張居正集》第一冊，頁2、3，隆慶2年。
〔註8〕　黃仁宇《十六世紀明代中國之財政與稅收》（臺北：聯經 2001 年初版，2003 年 9 月初版 2 刷），頁 348。

二、以武力爲後盾的應虜思想

「修邊設險」以禦外敵，一向是張居正強烈的主張，惟尙不足以完全展現他的防禦思想。他認爲虜情叵測，不能「恃其不來」，應該「恃吾有以待之」；〔註9〕要「使虜爲我所制」而「不可受制於虜」；〔註10〕再如，他說制虜之道「當視吾備之修否？服則懷之，叛則禦之」〔註11〕等等，指的就是「修邊設險」是否完善？戰鬥武力，是否足以爲恃？他將「訓夷之道」譬爲蓄狗，「馴則飼之，驚則箠之；箠之而馴，則又飼之」；〔註12〕認爲只有在國家的武力，強大到足以應戰時，「和平」才有可能維持長久的堅固，〔註13〕「用恩」也才有效果。〔註14〕萬曆六年，朵顏部長昂〔註15〕結合董忽力〔註16〕部，企圖聯合其他各部「以退爲進」拒向明廷進貢，以威脅、要求明廷增加貢賞。但張居正不僅不爲所動，反指示薊遼總督梁夢龍道：

> 二酋作祟非一日，然其諸部仰給於我久矣，豈肯捨其厚利而從彼爲逆乎？……爲公計者，當先之以文告，曉諭諸部，言：「爲逆者獨彼二人，汝等素受國恩，豈可一旦從彼作歹，自失厚利？今朝廷聞汝等不貢，將絕其撫賞，舉兵加誅。」又行文宣府：「此後西虜入市，須一一盤詰，不許夾帶土蠻及屬夷人，若訪有長昂、董忽力在彼，即便縛來。薊鎮連年築臺練兵，正無試處。遼東人馬，不過十餘萬，尤能將土蠻殺得七殘八敗；況我薊鎮，雄兵有三十萬，車騎連雲，

〔註9〕 《張居正集》第二冊，頁152，隆慶4年〈與薊鎮巡撫〉，題銜應正爲「宣大總督」。

〔註10〕 《張居正集》第二冊，頁263，隆慶6年春〈答宣大巡撫計處黃把二虜〉，題銜應正爲「宣撫巡撫」。

〔註11〕 《張居正集》第二冊，頁496，萬曆2年〈答甘肅巡撫侯掖川〉。

〔註12〕 《張居正集》第二冊，頁949，萬曆8年〈答宣大巡撫鄭範溪〉，題銜應正爲「宣大總督」。

〔註13〕 《張居正集》第二冊，頁978，萬曆9年初〈答薊遼總督張崌崍〉，題銜應正爲「宣府巡撫」。

〔註14〕 《張居正集》第二冊，頁852，萬曆7年〈答宣大張巡撫〉，題銜應正爲「順天張巡撫」。

〔註15〕 《萬曆武功錄》卷之十三，頁72：東虜長昂，又名專難，影克長子也，室西虜青把督女東桂。隆慶初，土蠻首難，影克願爲耳目，竟被金瘡而死。上幸赦死罪，得襲都督，通貢如初，頗戴漢恩。奈何與董狐狸起乎，聚兵謀犯我邊。

〔註16〕 《萬曆武功錄》卷之十三，頁48、60：東虜董忽力，又名董狐狸，革蘭臺第五子，爲朵顏都督。隆慶末，土蠻發難，狸爲小酋長。其後爲三衛之雄。

火器如山，土蠻入犯，卻是送死。我先將土蠻殺敗了，然後將汝等
屬夷頭目盡行誅戮；追了敕書，盡行驅逐出塞，那時汝等悔之無及。」
彼中聞此言，未有不懼者。然後計圖二酋，或潛兵掩取，或重賞以
購致之，無難也。若二酋能悔禍服罪，自致塞下，亦可待以不死，
不必深治矣。〔註17〕

這裡頭的「絕其撫賞，舉兵加誅」、「薊鎮連年築台練兵，正無試處」、「雄兵
有三十萬，車騎連雲，火器如山」、「將土蠻殺敗了，然後將汝等屬夷頭目盡
行誅戮」等，真可謂「殺氣騰騰」，正是江陵以武力為後盾的最佳寫照。

三、以無害為原則、以邊境晏安為整飭武備的總目標

在第二章第二節裡，我們曾說北疆韃靼內寇的動機，主要在掠奪漢地的
財物，以及要求開放馬市等經濟因素。對於政權的擴張或領土的併吞，並非
他們主要的訴求。同樣的，張居正對於開疆拓土，亦毫無企圖。他在萬曆三
年曾兩次說到，雲南乃「貔貅狐狄之區，得其地不可耕，得其民不可使，因
俗為制，使不為大害而矣」。〔註18〕他對西南如此，對於北疆又何嘗不是。如
之前所提到的〈陳六事疏·飭武備〉裡，他說「臣惟當今之事，其可慮者，
莫重於邊防；廟堂之上，所當日夜圖畫者，亦莫急於邊防」，又說「臣以為虜
如禽獸然，不一創之，其患不止」、「皇帝加意武備，整飭戎事，亦足以伐狂
虜之謀，銷未萌之患」。〔註19〕基本上，根據這些文獻已足夠認定，張居正走
的正是「邊境晏安」之防禦性戰略路線。如再併觀以下所舉，或許這個結論
將更為明確：萬曆四年，他對山西巡撫崔鏞表示「大抵虜情不能保其無變，
今中國之人，親父子兄弟相約也，猶不能保其不負，況夷狄乎」，對於小小的
變動，不必驚慌勞擾，只要耐煩處之，「無令大失」即可。〔註20〕同年，復對
薊遼總督楊兆說：

賊既畏威遠道，獸駭鳥舉，難躡其蹤，而揚兵出塞之舉，竊恐薊
人亦未能也。若賊首果真心悔罪，執送為逆頭目一二人，散夷數

〔註17〕《張居正集》第二冊，頁765，萬曆6年〈答薊遼總督梁鳴泉計處市馬〉。
〔註18〕《張居正集》第二冊，頁543，萬曆3年〈答雲南巡撫王毅菴〉；頁553，萬
曆3年〈答滇撫王毅菴論夷情戒多事〉。
〔註19〕《張居正集》第一冊，頁9、10。
〔註20〕《張居正集》第二冊，頁620、621，萬曆4年〈答山西崔巡撫計納叛招降之
策〉。

十人，歸其所掠，則姑宜宥之。徐爲後圖，吳緱洲示強示弱之言
是也。〔註21〕

類此「果眞心悔罪」、「姑宜宥之」的寬仁之行，單就萬曆九年，一年之中就
有四筆：如「青酋既自認罰處，因而收之，甚善」、〔註22〕「知老酋深悔前非，
其意甚善。彼既有遷改之誠，自不必深求矣」、〔註23〕「此事順義既認罰處，
庶可結局」、〔註24〕「滿酋既甘罰處，宜從寬宥」。〔註25〕這裡的「寬仁之風」
與前節的「殺伐之氣」，兩者交互運用、所輪轉出來的格局、氣勢與「萬初之
安」，豈是萬曆一朝、有明一代風流人物所能比駕齊驅。最後，余先以張居正
〈謝召見疏〉之論，作爲本文的總結：

> 蓋聖王之制夷狄，惟論順逆，不論強弱。若其順也，彼勢雖弱，亦
> 必撫之以恩；若其逆也，彼勢雖強，亦必震之以武。〔註26〕

再引熊十力的話，作爲張居正整飭武備之總目標「邊境晏安」的註腳：

> 茲閱江陵書牘，每若電療之起吾沉疴，不能言其所以感也。孤懷宏
> 願、至誠謀國，不知有身家、不知有權位。唯欲措國家于磐石之安，
> 使元元皆遂其生，外夷無內侵而已。〔註27〕

〔註21〕《張居正集》第二冊，頁637，萬曆4年〈答總督楊晴川〉。
〔註22〕《張居正集》第二冊，頁1010，萬曆9年〈答宣府張巡撫〉。
〔註23〕《張居正集》第二冊，頁1013，萬曆9年〈答薊遼總督鄭範溪〉，題銜應正爲
　　　　「宣大總督」。
〔註24〕《張居正集》第二冊，頁1044，萬曆9年〈答宣大總督鄭範溪〉。
〔註25〕《張居正集》第二冊，頁1070，萬曆9年春夏之交〈答宣府張崛峽〉。
〔註26〕《張居正集》第一冊，頁350，萬曆6年〈謝召見疏〉。
〔註27〕《論張江陵》頁84。

徵引、參考書目

一、徵引書目（以姓氏筆劃為序）

（一）古典文獻

1. 王世貞，〈張居正傳〉，引自張舜徽等編《張居正集》。
2. 李東陽撰、申時行修，《大明會典》，台北：新文豐出版社，1976 年。
3. 谷應泰，《明史紀事本末》，北京：中華書局，1997 年。
4. 徐學聚，《國朝典彙》，北京：書目文獻出版社，1996 年。
5. 夏燮，《新校明通鑑》，台北：世界書局，1978 年。
6. 陳子龍，《明經世文編》，北京：中華書局，1962 年。
7. 許論，《九邊圖論》，《叢書集成續編・第 242 冊・史地類・防務》，臺北：新文豐出版社，1989 年。
8. 張廷玉等撰，《明史》，北京：中華書局，1974 年。
9. 張居正撰／張舜徽等編，《張居正集》，武漢：湖北人民出版社，1994 年 9 月。
10. 張居正、呂調陽等撰，《帝鑒圖說》，《四庫全書存目叢書・史部 282》，臺南：莊嚴文化事業有限公司，1996 年。
11. 鄭曉，《皇明北虜考》，台北：廣文書局，1972 年。
12. 談遷，《國榷》，北京：中華書局，1958 年 12 月出版，2005 年。
13. 瞿九思，《萬曆武功錄》，台北：廣文書局，1972 年。
14. 魏煥，《九邊考》，引自孟森等《明代邊防》，臺北：台灣學生書局，1968 年。

（二）專書、專文

1. 中國社會科學院主辦、譚其驤主編，《中國歷史地圖集》，北京：中國地圖出版社，1982 年 10 月初版，1996 年 6 月。

2. 全漢昇、李龍華，〈明代中葉後太倉歲出銀兩的研究〉，《香港中文大學中國文化研究所學報》，1973 年。

3. 朱東潤，《張居正大傳》，台北：台灣開明書局，1945 年。

4. 李國祥、楊昶主編，《明實錄類纂》、〈宮廷史料卷〉，武漢：武漢出版社，1992 年。

5. 李國祥、楊昶、吳伯森編，《明實錄類纂》〈軍事史料卷〉，武漢：武漢出版社，1993 年。

6. 吳廷燮，《明督撫年表》，北京：中華書局，1982 年。

7. 孟森等，《明代邊防》，臺北：臺灣學生書局，1968 年。

8. 范中義、王兆春主編／范中義、王兆春、張文才、馮東禮等撰，《中國軍事通史》第十五卷〈明代軍事史〉，北京：軍事科學出版社，1998 年。

9. 黃仁宇，《萬曆十五年》，台北：食貨出版社，1988 年。

10. 黃仁宇撰／阿風等譯，《十六世紀明代中國之財政與稅收》，台北：聯經出版社，2001 年。

11. 戚宜君，《張居正傳》，台北：廣益書局，1986 年。

12. 陳翊林，《張居正評傳》，台北：台灣中華書局，1979 年。

13. 揚鐸，《明張江陵先生居正年譜》，台北：台灣商務印書館，1980 年。

14. 楊國樞、吳聰賢、李亦園等編，《社會及行爲科學研究法》，台北：臺灣東華書局，1989 年。

15. 賈虎臣，《中國歷代帝王譜系彙編》，台北：正中書局，1966 年初版，1985 年。

16. 熊十力，《論張江陵》，台北：明文書局，1988 年。

17. 劉謙，《明遼東鎮長城及防禦考》，北京：文物出版社，1989 年。

18. 賴建誠，《邊政糧餉》，台北：中研院、聯經出版社，2008 年。

二、參考書目（以姓氏筆劃爲序）

（一）古典文獻

1. 王士琦，《三雲籌俎考》，《續修四庫全書 739・史部・地理類》，上海：上海古籍出版社，2002 年。

2. 王崇古，《王鑑川文集》，北京：線裝書局，2004 年。

3. 王國光,《萬曆會計錄》,北京:書目文獻出版社,1988年。

4. 王瓊,《北虜事跡》,《四庫全書存目叢書》,臺南:莊嚴文化出版社,1995年。

5. 方孔炤,《全邊略記》,臺北:廣文書局,1974年。

6. 方逢時,《大隱樓集》,《四庫未收書輯刊・第五輯・19》,北京:北京出版社,2000年。

7. 沈朝陽,《皇民嘉隆兩朝聞見紀》,臺北:臺灣學生書局,1969年。

8. 沈德符,《萬曆野獲編》,北京:中華書局,1959年。

9. 明兵部,《九邊圖說》,《玄覽堂叢書・初輯・5》,臺北:正中書局,1981年。

10. 茅元儀,《武備志》,臺北:華世出版社,1984年。

11. 高拱,《高文襄公集》,日本東京都《内閣文庫》,1980年。

12. 徐階,《世經堂集》,《四庫全書存目叢書・集部・別集類》,臺南:莊嚴文化出版社,1997年。

13. 郭造卿,《盧龍塞略》,臺北:廣文書局,1974年。

14. 戚繼光,《戚少保奏議》,北京:中華書局,1962年。

15. 張雨,《邊政考》,《叢書集成・續編・241・史地類》,臺北:新文豐出版社,1989年。

16. 馮愛,《開原圖說》《玄覽堂叢書・初輯・5》,臺北:正中書局,1981年。

17. 楊時寧《,宣大山西三鎮圖說》,《續修四庫全書739・史部・地理類》,上海:上海古籍出版社,2002年。

18. 楊博,《楊襄毅公本兵疏議》,《四庫全書存目叢書・史部・詔令奏議類》,臺南:莊嚴文化出版社,1996年。

19. 譚綸,《譚襄敏奏議》,《文津閣四庫全書・史部・詔令奏議類》,北京:商務印書館,2006年。

(二) 專書、專文

1. 于志嘉,《明代軍戶世襲制度》,臺北:臺灣學生書局,1987年。

2. 王毓銓,《明代的軍屯》,北京:中華書局,1965年。

4. 王國良,《中國長城沿革考》,臺北:商務印書館,1971年。

5. 方鐘鋒,《明代陝北防衛體系與邊餉供應之研究》,國立成功大學歷史系碩士論文,2004年。

6. 張承祥,《晚明宦官馮保之研究》,國立中央大學歷史研究所碩士論文,2006年。

7. 張哲郎,《明代巡撫之研究》,臺北:文史哲出版社,1995年。

8. 楊國楨、陳支平,《明史新編》,臺北:知書房出版社,1995 年。

9. 靳潤成,《明朝總督巡撫轄區研究》,天津:天津古籍出版社,1996 年。

10. 聞鈞天,《中國保甲制度》,上海:上海商務印書局,1935 年。

11. 劉祥學,《明朝民族政策演變史》,北京民族出版社,2006 年。

12. 鄭樑生,《明代倭寇》,臺北:文史哲出版社,2008 年。

13. 錢穆,《國史大綱》,臺北:臺北國立編譯館,1940 年初版、1992 年 9 月修訂。

14. 謝忠志,《明代兵備道制度——以文馭武的國策與文人知兵的實練》,宜蘭:明史研究小組,2002 年。

15. 謝貴安,《明實錄研究》,臺北:文津出版社,1995 年。

16. 懷效鋒,《嘉靖專制政治與法制》,長沙:湖南教育出版社,1989 年。

17. 龔書鐸、劉德林,《圖說明朝》,臺北:鳳凰出版社,2007 年。

附錄　張居正君臣武備藎言錄

邦　本

帝王之治，欲攘外者，必先安內。《書》曰：「民爲邦本，本固邦寧。」自古雖極治之時，不能無夷狄、盜賊之患，唯百姓安樂，家給人足，則雖有外患，而邦本深固，自可無虞。唯是百姓愁苦思亂，民不聊生，然後夷狄、盜賊乘之而起。蓋「安民可與行義，而危民易與爲非」，其勢然也。（張居正集・陳六事疏　v1. p7；隆慶 2 年）

今賴天地宗社之靈，中外頗稱寧謐。惟是黎元窮困，賦重差繁，邦本之虞，日夕在念。頃蒙天語叮嚀，亦以愛養百姓爲急。願公思所以奉宣德意，加意元元。（集・答藩伯吳小江　v2. P459；萬曆 2 年）

願皇上重惜民生，保固邦本，則百萬生靈仰戴至仁，實社稷靈長之幸。（集・請罷織造內臣對　v1. p394；萬 7）

子惠之施未洽，誅求之令即施，非聖慈所以愛養元元、培植邦本之意也。民窮財盡，賦重役繁，將來隱憂，誠有不可勝諱者。（集・請酌減增造段疋疏　v1. p398；萬 7）

僕每思本朝立國規模、章程法度，盡善盡美，遠過漢唐。至於宋之懦弱牽制，尤難並語。今不必復有紛更，惟仰法我高皇帝「懷保小民」一念，用以對越上帝，奠安國本耳。故自受事以來，凡朝夕之所入告，教令之所敷布，惓惓以是爲務。鋤強戮凶，剔姦釐弊，有不得已而用威者，惟欲以安

民而已。（集‧答福建巡撫耿楚侗言致理安民　v2. P912；萬 8）

致理之要，惟在於安民。安民之道，在察其疾苦而已。（集‧請蠲積逋以安民生疏　v1 p.471；萬 10 二月）

君　道

明主不惡危切之言以立名，志士不避犯顏之誅以直諫，是以事無遺策，功流萬世。

天地交，而其道通；上下交，而其志同為泰。泰者，通也。天地不交，其志不通為否。否者，塞也。故天地交，而後能成化育之功；上下交，而後能成和同之治。

今群臣百僚，不得望陛下（世宗）之清光已八九年。雖陛下神聖獨運，萬機之務，無所留滯。然天道下濟而光明，自古聖帝明王，未有不親近文學侍從之臣，而能獨治者也。今陛下所與居者，獨宦官、宮妾耳。夫宦官宮妾，豈復有懷當時之憂，為宗社之慮者乎？今大小臣工，雖有懷當時之憂，為宗社之慮者，而遠隔于尊顏之下，懸想于於穆之中，逡巡嗫口，而不敢盡其愚。（集‧論時事疏　v1. p495-496；嘉靖 28 年，張居正 25 歲）

帝王之治天下，有大本，有急務。正心修身，建極以為臣民之表率者，圖治之大本也。審機度勢，更化宜民者，救時之急務也。大本雖立，而不能更化以善治，譬之琴瑟之不調，不解而更張之，不可鼓也。（集‧陳六事疏 v1.p1；隆 2）

今之上策，莫如自治。而其機要所在，惟在皇上赫然奮發，先定聖志。聖志定，而懷忠蘊謀之士，得效於前矣。（集‧陳六事疏　v1.p9；隆 2）

科道乃朝廷之官，職司糾正。必平日養其剛正之風，寬其觸冒之誅，而後遇事敢言，無所畏避，四方利弊，得以上聞。自古順耳之言易從，逆耳之言難聽。於逆耳難受之言，而能曲容之，乃為盛德。言路之通塞，實天下治忽所關。我聖祖有訓，凡天下利病，許諸人直言無隱，所以防壅蔽，而杜奸萌也。（集‧請宥言官疏　v1.p44；隆 3）

敬惟東宮殿下（皇太子朱翊鈞），英明天錫，睿知夙成。今已八齡，非襁褓矣。正聰明初發之時，理欲互勝之際，必即時出閣，遴選孝友敦厚之士，

日進仁義道德之說，于以開發其知識，于以薰陶其德性。庶前後左右所與處者皆正人，出入起居所見聞者皆正事。作聖之基，以豫養而成；天下之本，以早教而端也。若必待十齡，去此尚有二年之遠，中間倘所見所聞少有不正，則關係匪輕。早一日，則有一日培養之益；遲一年，則少一年進修之功。（集・請皇太子出閣講學疏　v1.p49；隆4正月）

方今國家要務，惟在遵守祖宗舊制，不必紛紛更改。至於講學親賢、愛民節用，又君道所當先者。（集・謝召見疏　v1.p51；隆6）

培養君德，開導聖學，乃當今（朱翊鈞十歲繼統）第一要務。（集・乞崇聖學以隆聖治疏　v1.p70；隆6六月）

君，心也；臣，股肱耳目也。人之一心，雖賴股肱耳目，以爲之視聽持行，而心之精神，亦必常流通於股肱耳目之間，然後眾體有所管攝，而各效其用。此明君所以總條貫而御人群之要道也。（集・進職官書屏疏　v1.p160；萬2）

夫孝在無違，而必事之以禮；恩雖無窮，而必裁之以義。貴戚之家，不患不富，患不知節。富而循禮，富乃可久。越分之恩，非所以厚之也。（集・請裁抑外戚疏　v1.p170）

皇上聖齡日長，乞留神政務，省覽章奏；暇時間，取皇祖世宗皇帝所親批舊本覽閱，以爲裁決事務之法。（集・進世宗御筆疏　v1.p212；萬4）

夫人心之所以不虛者，私意混雜故耳。如水本至清，以泥沙濁之則不清；鏡本至明，以塵垢蔽之則不明。人主誠能涵養此心，除去私欲，如明鏡止水，則好惡行賞，無不公平，而萬事理矣。（集・送起居館講大寶箴記事　v1.p490；萬4）

臣居正素性愚昧，不信陰陽選擇之說。凡有舉動，只據事理之當爲，時勢之可爲者，即爲之。未嘗拘泥時日，牽合趨避，然亦往往誤蒙天幸，動獲吉利。況皇上爲天地百神之主，一舉一動，皆將奉職而受事焉，又豈陰陽小術可得而拘禁耶？（集・奏請聖母裁定大婚吉期疏　v1.p245；萬5）

今大婚之後，起居食息，尤宜謹愼。這一件是第一緊要事，臣爲此日夜放心不下，伏望聖明萬分撙節保愛。又數年以來，事無大小，皇上悉以委之

於臣，不復勞心。今後皇上卻須自家留心，莫說臣數月之別，未必便有差誤，古語說：「一日、二日萬機。一事不謹，或貽四海之憂。」自今各衙門章奏，望皇上一一省覽，親自裁決。有關係者，召內閣諸臣，與之商榷停當而行。（集‧召辭紀事　v1.p332；萬6三月）

明主勞於求賢，而逸於得人。故信任賢臣者，正所謂攬權也。豈必若秦始皇之衡石程書，剛愎自用；隋文帝之猜忌任察，讒害忠良，而後謂之有權耶？若夫庸君闇主，則明不足以知賢，而信不足以使下。雖奉之以太阿之柄，彼亦不能持也。唐貞觀時，有勸太宗攬權，不宜委政房玄齡等者。太宗曰：「此欲離間我君臣也。」立命徙之。夫專擅阿附者，人主之所深疑也。日浸月潤，鑠金銷骨。小則使臣冒大嫌而不自安，大則使臣中奇禍而不自保。明主左右既無親信重臣，孤立於上。然後呼朋引類，藉勢乘權，恣其所欲為，紛更變亂，不至於傾覆國家不已。此孔子所以惡利口，大舜所以疾讒說也。（集‧乞鑒別忠邪以定國是疏　v1.p355-356；萬6六月）

伏蒙發下原任大學士已故高拱妻張氏，陳乞恤典一本。該文書官田義口傳聖旨：「高拱不忠，欺侮朕躬，今已死了，他妻還來乞恩典，不准他。欽此。」臣等聞命震驚，罔知所措。看得高拱賦性愚戇，舉動周章，事每任情，果於自用。雖不敢蹈欺主之大惡，然實未有事君之小心。以此誤犯天威，死有餘戮。但伊昔侍先帝於潛邸，九年有餘，犬馬微勞，似足以少贖罪戾之萬一。且當其生前既已寬斧鉞之誅，今值歿後，豈復念宿昔之惡？夫保全舊臣，恩禮不替者，國家之盛典也。山藏川納，記功忘過者，明主之深仁也。故臣等不揣冒昧妄為代請。不獨欲俯存閣臣之體，實冀以仰成聖德，覃布鴻施；又以愧死者，勸生者，使天下之為臣子者，皆知竭忠盡力，以共戴堯舜之君也。（集‧為故大學士高拱乞恩疏　v1.p370；萬6）

皇上亦宜仰遵聖母慈訓，痛自改悔。戒遊宴以重起居，專精神以廣胤嗣，節賞賚以省浮費，卻珍玩以端好尚，親萬機以明庶政，勤講學以資治理。庶今日之悔過，不為虛言，將來之聖德，愈為光顯矣。（集‧請清汰近習疏 v1.p433-434；萬8）

皇上春秋鼎盛，宜省覽章奏，講究治理。于字書小學，不必求工。以後日講，請暫免進字。容臣等將諸司題奏緊要事情，至御前講解，面請裁決。臣等謹屬儒臣，將累朝《寶訓》、《實錄》副本，逐一檢閱，分類編摩，總

計四十款：曰創業艱難；曰勵精圖治；曰勤學；曰敬天；曰法祖；曰保民；曰謹祭祀；曰崇孝敬；曰端好尚；曰慎起居；曰戒遊佚；曰正宮闈；曰教儲貳；曰睦宗藩；曰親賢臣；曰去姦邪；曰納諫；曰理財；曰守法；曰警戒；曰務實；曰正綱紀；曰審官；曰久任；曰重守令；曰駁近習；曰待外戚；曰重農；曰興教化；曰明賞罰；曰信詔令；曰謹名分；曰却貢獻；曰慎賞賚；曰敦節儉；曰慎刑獄；曰褒功德；曰屛異端；曰飭武備；曰御夷狄。雖管窺蠡測之見，未究高深。而修德致治之方，亦已略備矣。（集・請敷陳謨烈以裨聖學疏　v1.p437；萬 8）

布德施惠，當出自朝廷，若令地方官請而得之，則恩歸於下，怨歸於上矣。（集・請蠲積逋以安民生疏　v1.p472；萬 10 二月）

臣　節

今大臣皆持祿養交，莫肯盡言；諫官皆懾於天威，不敢申救。人臣緘默苟容，恐非國之福。（集・請宥言官以彰聖德疏　v1.p38；隆 2）

近來士習人情，紀綱法度，似覺稍異於昔，實自小疏發之。然忌我者，亦自此始矣。念既已身荷重任，義當直道正言，期上不負天子，下不負所學，遑恤其他！（集・答奉常羅月巖　v2. p38；隆 2 八月）

今人心叵測，時事艱難。遇事則委難以責人，事平則抑人以揚己，誠有如來諭者。至於居高位者，一有爲國家任事之心，尤不免於人之相議。此正僕之茹苦，而不以告人者也。然僕之所以自處，則亦惟委心任理，仗大公，履至正，而以通塞付之於命耳，將奈何哉！（集・答施兵憲　v2.p110；隆 3）

聲容盛而武備衰，議論多而成功少，宋之所以不競也。不圖今日復見此事。僕不度德量力，欲一起而振之，而力不從心。動見齟齬，茹堇懷冰，有難以言控者。唯當鞠躬盡瘁，以答主知而已。其濟與否，誠不可逆覩也。（集・答藩伯施恆齋　v2. P138；隆 4）

人臣進言於君，不必其說之盡行，事有至當之論，不必其初之爲是。人臣之道，必秉公爲國，不恤其私，乃謂之忠。爲祖宗謹守成憲，不敢以臆見紛更；爲國家愛養人才，不敢以私意用舍，此臣忠皇上之職分也。（集・謝召見疏　v1.p52；隆 6）

朝廷慎重名器，必自貴近始，所以示大公也。人臣雖竭力效勞，不敢言功，所以昭大分也。（集·再辭恩命疏　v1.p79；隆6）

僕數年圖畫邊事，苦心積慮，冒險涉嫌，惟公知之，他人不能盡諒也。茲賴祖宗之靈，主上威德所及，東師奏凱，西虜款關。區區一念報國赤忠，庶幾得以少見矣，實未敢有一毫計功謀利之心。（集·答總憲孫華山　v2. P251；隆6）

二十年前，曾有一弘願：願以其身為蓐薦，使人寢處其上，溲溺之，垢穢之，吾無間焉。有欲割取吾耳鼻，我亦歡喜施與，況詆毀而已乎！（集·答吳堯山言弘願濟世　v2. P379；萬1）

敬事後食者，人臣奉公之節。夫臣之於君，事無大小，孰非所當盡心畢力以為之者。為之而有功，分義當然，勞於何有？為之而無功，譴責是虞，矧敢他覬。故人臣進不敢以其能要利於上，退不敢以其事尸功於己，此事之大分，古今之通義也。（集·再辭恩命疏　v1.p154；萬2）

有功必敘，有勞必酬者，朝廷厚下之仁；敬事後食，先勞後祿者，人臣自靖之義。若銖銖兩兩，計功程勞，以責望于上，似非所謂懷仁義以事君者也。（集·答督撫吳環洲言敬事後食之義　v2. P567；萬3）

臣之所處者，危地也；所理者，皇上之事也；所代者，皇上之言也。今言者，方以臣為擅作威福。而臣之所以代王行政者，非威也，則福也。自茲以往，將使臣易其塗轍，勉為巽順以悅下耶？則無以逭於負國之罪；將使臣守其故轍，益竭公忠以事上耶？則無以逃於專擅之譏。（集·被言乞休疏　v1.p195；萬4）

夫事惟求諸理之至當，心奚必於人之盡知。況臣款款之愚，既特孚於昭鑒，則諸呶呶之口，誠無足為重輕。謹當仰體聖懷，益殫赤悃；冰霜自保，雖嫌怨以奚辭；社稷是圖，何髮膚之敢惜。（集·謝恩疏　v1.p198；萬4）

人之受享，各有分量，受過其量，鮮不為災。譬之雨澤所以生物，過多或反有傷；甘膬所以養人，太飽亦能致疾。（集·再辭恩命疏　v1.p228；萬4）

輔弼之職，上則培養君德，翼贊廟謨；下則表率群僚，修明庶政。其職最為繁重，最難稱塞。若提調講讀，不過職分中之一事，實與諸臣之專供一

職者不同。雖每日趨侍講筵，改定講義，亦不過總其大綱，率領諸臣以供事而已。又何功之可言？何勞之可錄？夫掠人之美以爲功，謂之竊；無其實而冒其賞，謂之忝。忝與竊，臣等不敢爲也。（集·辭加恩疏　v1.p235；萬4）

凡爲人臣者，孰不思委質捐軀，以盡莫逃之分；爲人子者，孰不思竭誠致愼，以伸難解之情。聖朝懋舉，又不獨關係臣一身之進退而已。顧臣昔者急切求歸，祇欲遂烏鳥思親之念。今者違離有日，又不勝犬馬戀主之心。（集·謝准假歸葬疏　v1.p323；萬6三月）

臣是顧命大臣，義當以死報國，雖赴湯火皆所不避，況於毀譽得喪之間。皇上不用臣則已，必欲用臣，臣必不能枉己以徇人，必不能違道以干譽。臺省紀綱，必欲振肅；朝廷法令，必欲奉行；姦宄之人，必不敢姑息，以撓三尺之公；險躁之士，必不敢引進，以壞國家之事。如有捏造浮言，欲以熒惑上聽、紊亂朝政者，必舉祖宗之法，請於皇上，而明正其罪。此臣所以報先帝而忠於皇上之職分也。（集·乞鑒別忠邪以定國是疏　v1.p357；萬6六月）

踰格之恩，宜從上出。皇明祖制，凡優免稅糧，當內定于心，臨期便決，勿使人先知，要名于外，良以爲此。乃聞公以議蠲分數，遂傳布于民間。彼中士民，方蒿目以望，而朝廷又不能盡從其請，則恩出于下，怨歸于上矣。今宜如部議，宣布上德意，從實舉行。（集·答應天巡撫胡雅齋　v2.P859；萬7）

臣受事以來，夙夜兢懼，恆恐付託不效，有累先帝之明。又不自意特荷聖慈眷禮優崇，信任專篤。臣亦遂忘其愚陋，畢智竭力，圖報國恩。嫌怨有所弗避，勞瘁有所弗辭，蓋九年於茲矣。每自思惟，高位不可以久竊，大權不可以久居。然不敢遽爾乞身者，以時未可爾。今賴天地祖宗洪佑，中外安寧。大禮大婚、耕耤陵祀、鴻儀鉅典，一一修舉。聖志已定，聖德日新；朝廷之上，忠賢濟濟。以皇上之明聖，令諸臣得佐下風，以致昇平、保鴻業無難也。臣於是乃敢拜手稽首而歸政焉。（集·歸政乞休疏　v1.p419；萬8）

臣等此後亦不敢復以外臣自限。凡皇上起居及宮壼內事，但有所聞，即竭忠敷奏。及左右近習，有邪佞不忠，如孫海、客用等者，亦不避嫌怨，必舉祖

宗之法，奏請處置，仍望俯允施行。（集・請清汰近習疏　v1.p433；萬8）

僕久握大柄，天道忌盈，理須退休，以明臣節。況當典禮（萬6 神宗大婚）告成之日，正息肩稅駕之時。抗疏乞休，甚非得已。迺聖恩留諭再三，未忍固求私便，輒復就列，徐俟再圖。（集・答賈春宇　v2. P899；萬8）

賤體入夏即病，荏苒數月，殊覺委頓。今雖眠食稍復，然病根未除。緣弱質譾才，久肩重任，筋力既竭，而鞭策不已，遂致顛蹶耳。頃欲藉此乞骸，乃主上先覺此意，頻遣中使薦賜寵問；又促令早出視事，使僕無所啓齒，不得已，黽從趨朝。（集・答司馬王鑑川言抱恙勉留　v2. P1067；萬9）

孔子曰：「事君盡禮，人以爲諂也。」（論語・鄉黨）一篇，記孔子見君之時，自入門以至於升堂，敬謹之心，不敢以一時稍懈。人見其鞠躬跼蹐，屏氣斂容，議其爲諂。而不知事君之禮，當如是也。近日以來，朝參之禮，委覺少懈：百官衣帶多有僭越；入班之時，吐唾在地；進退行走，舒徐搖擺；謝恩見辭，致詞不恪。禮官不行申禮，御史不行糾奏。臣等亦屢加戒諭，而人情玩狎，積習難改。安知背非後議，不有以臣等爲諂者乎？今蒙天語申嚴，眾心始知所儆。後有犯者，著鴻臚寺及侍班御史指名參奏，必罪不宥。庶朝廷之禮尊，而上下之分明也。（集・奉諭整肅朝儀疏　v1.p469；萬10 正月）

財　用

天之生財，在官在民止有此數。譬之於人，稟賦強弱，自有定分。善養身者，唯撙節愛惜，不以嗜欲強戕之，亦皆足以卻病而延壽。昔漢昭帝承武帝多事之後，海內虛耗，霍光佐之，節儉省用，與民休息，行之數年，百姓阜安，國用遂足。然則與其設法征求，索之於有限之數以病民，孰若加意省儉，取之於自足之中以厚下乎？（集・陳六事疏　v1. p8；隆2）

今邊費日增，計每歲所入之數，尚少銀百四十萬兩。民力已弱，費出無由，日夜憂之，不知所出，奈何！奈何！（集・與應天龐巡撫　v2. P52；隆3）

大抵財用經費，惟條貫精詳，出納明覈，則節用之意，自寓其中。（集・答楚按院陳燕野　v2. P279；隆6）

剋糧充賞，邊軍困備已極，薊事之不振，則職此之由。今戶、兵二部，已

議為曲處。但此數一增，後來遂為歲例。帑藏之入有限，犬羊之欲無窮，歲復增加，曷有紀極。此其弊源，必有所在，不塞其源而徒徇其欲，將不知其所終矣！薊門事體與他鎮不同，僕日夜念之，未嘗少釋。凡有所求，所司未嘗不頻顧而語，屈意而從也。僕亦坐是往往見惡於人，若僕有所私庇於薊者。然司農所藏，委為匱乏，固亦無怪其頻蹙也。幸僕之謬司國柄，俟邊警少暇，望公與鎮、巡諸君虛心商量，思一長策，著實整頓一番，庶為經久之計。若但拆東補西，支持目前，費日增而無已，兵復弱而莫支，將來必有以為口實者，恐僕與諸公，皆不能逭其咎也。（集·答劉總督　v2. P318；隆 6）

今計太倉之粟，一千三百餘萬石，可支五六年。鄙意欲俟十年以上，當別有處分，今固未敢言也。（集·答河曹王敬所　v2. P457；萬 2）

夫出賦稅以供上者，下之義也；憐其窮困，量行蠲免者，上之恩也。愚民難以戶曉，損上乃可益下。須賴皇上力行節儉，用度漸舒；又以北虜納款，邊費稍省，似宜曲垂寬恤，以厚下安民。（集·請擇有司蠲逋賦以安民生疏 v1. p215；萬 4）

一二年間，調停酌量，內帑漸充，加以北虜納款，邊費少省。僕朝夕所告於上者，諄諄惟以節用愛民為急，此後搜括之令，或可免下。（集·答雲南撫院王毅菴　v2. P623；萬 4）

治國之道，節用為先；耗財之原，工作為大。然亦有不容已者：或居處未寧，規制當備，或歷歲已久，敝壞當新。此事之不容已者也。於不容已者而已之，謂之陋；於其可已而不已，謂之侈。二者皆非也。（集·請停止內工疏　v1. p240；萬 5）

嘉、隆之間，海內虛耗，公私貯蓄，殊可寒心。自皇上臨御以來，躬行儉德，核實考成；有司催徵以時，逋負者少；姦貪犯贓之人，嚴治不貸；加以北虜款貢，邊費省儉；又適有天幸，歲比豐登；故得倉庫積貯，稍有贏餘。然閭閻之間，已不勝其誅求之擾矣。夫古者王制，以歲終制國用，量入以為出。計三年所入，必積有一年之餘，而後可以待非常之事，無匱乏之虞。夫天地生財，只有此數，設法巧取，不能增多，惟加意撙節，則其用自足。（集·看詳戶部進呈揭帖疏　v1. p385；萬 7）

鑄造制錢，原以通幣便民，用存一代之制。鑄成之後，量進少許呈樣，非以進供上用者矣。若以賞用缺錢，徑行鑄造進用，則是以外府之儲，取充內庫，大失舊制矣。如果民間錢少，再行鑄造，亦未爲晚。仍乞皇上曲納臣等節次所陳狂愚之言，敦尚儉德，撙節財用。諸凡無益之費，無名之賞，一切裁省，庶國用可充，民生有賴。不然，以有限之財，供無窮之用，將來必有大可憂者。（集・請停止輸錢內庫供賞疏　v1. p391-392；萬 7）

近年以來，正賦不虧，府庫充實，皆以考成法行，徵解如期之故。今大江南北荒歉如此，河南又有風災，畿輔之地，雨澤愆期，二麥將槁。將來議蠲議賑，勢不容已，賦稅所入，必不能如往年。惟皇上量入爲出，加意撙節。如宮中一切用度，及服御之類，可減者減之，賞賚可裁者裁之。至如施捨一節，尤當禁止。與其惠緇黃之流以求福利，孰若寬恤百姓，全活億兆之命，其功德爲尤大乎？（集・文華殿論奏　v1. p452；萬 9 四月）

綱　紀

惟世臣之道，但能守法安靖，自可長保爵祿；廣交行賂，徒爲詿騙者之資耳。況今朝廷清明，倖途斷絕。如有違犯，雖親不宥。天威赫赫，誰敢干之？以貨求全，恐不能也。（集・答雲南巡撫陳見吾　v2. p12；隆 2）

三尺法不行於吳久矣，公驟而矯以繩墨，宜其不能堪也。訛言沸騰，聽者惶惑。僕謬系鈞軸，得與參廟堂之末議，而不能爲朝廷獎奉法之臣，摧浮淫之議，有深愧焉。（集・答應天巡撫海剛峰　v2. p133；隆 4）

《書》稱：敬敷五教在寬。殆以人之才質，有昏明強弱之不同，須涵育薰陶，從容引接，使賢者俯而就焉，不肖者企而及焉，如是而已。今人不解寬義，一切務爲姑息弛縱，賈譽於眾。以致士習驕侈，風俗日壞。間有一二力欲挽之，則又崇飾虛談，自開邪徑，所謂以肉驅蠅，負薪救火也。（集・答南學院周乾明　v2. P230；隆 5）

安慶之事，其變雖不甚大，然朝廷紀綱所係，不容不盡法一處。往時振武之事，姑息太過，人敢效尤。今借此一振國威，亦弭亂之一機也。（集・答應天撫院　v2. P276；隆 6）

爲國之法似理身，元氣欲固，神氣欲揚。廣中患不在盜賊，而患吏治之不

清，紀綱之不振，故元氣日耗，神氣日索。數年之前，論者謂朝廷已無廣
東矣。自公一振之，而傾者安，黠者戮，炎州以寧。豈易地易民哉？元氣
漸固，神氣始暢耳。（集‧與殷石汀論吏治　v2. P421；萬 1）

致理之道，莫急於安民生。安民之要，惟在於核吏治。前代令主，欲興道
致治，未有不加意於此者。（集‧請定面獎廉能儀注疏　v1. p142；萬 2）

兩廣之人，好爲議論，臺諫無識者，往往誤聽之。訛言屢興，賴聖明遠矚，
三至不疑。若如昔時之政，則風波滿海內矣。粵地所患，不在盜賊，而在
人心不公，是非不定，紀綱不振，法度不行，可恨。（集‧答廣西巡撫郭華
溪　v2. P462；萬 2）

去年，仰荷聖明，特敕吏部愼選提學官，有不稱者，令其奏請改黜。其所
以敦崇教化，加意人才，意義甚盛。今且一年矣，臣等體訪各官，卒未能
改於其故；吏部亦未見改黜一人。良以積習日久，振蠱爲艱；冷面難施，
浮言可畏。奉公守法者，上未必即知，而已被傷於眾口；因循頹靡者，上
不必即黜，而且博譽於一時。故寧抗朝廷之明詔，而不敢掛流俗之謗議；
寧壞公家之法紀，而不敢違私門之請託。蓋今之從政者，大抵皆然。（集‧
請申舊章飭學政以振興人才疏　v1. p172；萬 3 五月）

古之聖賢，所遇之時不同，而處之之道亦異。《易‧大過》：「棟橈」。象曰：
「剛過乎中」。當大過之時，爲大過之事，未免有過剛之病。然不如是，不
足以定傾而安國，棟橈而本末弱矣。伊、周當大過之時，爲大過之事，而
商、周之業賴之以存，雖剛而不失爲中也。僕以一豎儒，擁十餘齡幼主，
而立於天下臣民之上，威德未建，人有玩心。況自隆慶以來，議論滋多，
國是靡定，紀綱倒植，名實混淆。自僕當事，始布大公，彰大信，修明祖
宗法度，開眾正之路，杜群枉之門。一切以尊主庇民、振舉頹廢爲務，天
下始知有君也。而疾之者乃倡爲異說，欲以抑損主威，搖亂朝政，故不得
重處一二人，以定國是，以一人心。蓋所謂剛過乎中，處大過之時者也。
僕一念爲國家，爲士大夫之心，自省肫誠專一；其作用處，或有不合於流
俗者，要之欲成吾爲國家、爲士大夫之心耳。僕嘗有言：「使吾爲劊子手，
吾亦不離法場而證菩提。」又有一偈云：「高崗虎方怒，深林蟒正嗔。世無
迷路客，終是不傷人。」（集‧答奉常陸五臺論治體用剛　v2. P581；萬 3）

方今聖明在上，一時郡邑長吏固莫不爭自淬勵，勉修職業，以求無負於明時。但虛文矯飾，舊習尚存；剝下奉上，以希聲譽；奔走趨承，以求薦舉；徵發期會，以完簿書；苟且草率，以逭罪責。其實心愛民、視官事如家事、視百姓如子弟者，實不多見。故皇上雖有安民之心，而上澤不得以下究者，職此之故也。（集．請擇有司蠲逋賦以安民生疏　v1. p214；萬 4）

近來將官彼此相傾，甚於文職，此中隱情亦宜徐察之也。（集．答總督方金湖　v2. P632；萬 4）

夫春生秋殺，天道所以運行；雨露雪霜，萬物因之發育。若一歲之間，有春生而無秋殺，有雨露而無雪霜，則歲功不成，而化理或滯矣。明王奉若天道，其刑賞予奪，皆奉天意以行事。《書》曰：「天命有德，五服五章哉；天討有罪，五刑五用哉。」若棄有德而不用，釋有罪而不誅，則刑賞失中，慘舒異用，非上天所以立君治民之意矣。

臣等連日詳閱法司所開重犯招情，有殺祖父母、父母者，有毆死親兄及同居尊屬者，有殺一家非死罪三人者，有強盜劫財殺人者，有鬥毆逞兇登時打死人命者。據其所犯，皆絕滅天理，傷敗彝倫，仁人之所痛惡，覆載之所不容者。天欲誅之，而皇上顧欲釋之，其無乃違上天之意乎？

稂莠不鋤，嘉禾不茂；冤憤不泄，戾氣不消。

獨奈何不忍於有罪之凶惡，而反忍於無辜之善良乎？其用仁亦舛也！

況此等之人，節經法司評審，九卿大臣廷鞫，皆已眾證明白，輸服無辭。縱使今年不決，將來亦無生理，不過遲延月日，監斃牢獄耳。然與其暗斃牢獄，而人不及知，何如明正典刑，猶足以懲奸而伸法乎？法令不行，則犯者愈眾。

年復一年，充滿囹圄。既費關防，又虧國典。其於政體又大謬也。（集．論決眾囚疏　v1. p254-255；萬 5 九月）

以下奉上，臣民之分。而士大夫者，又朝廷所用以治民者也。今乃剋上剝下，以厚自奉，可勝歎乎！顧積習沉痼已久，非痛懲之，不能挽也。（集．答總憲李漸菴言人臣節儉之義　v2. P655；萬 5）

蓋聞聖王殺以止殺，刑期無刑，不聞縱釋有罪以為仁也。

舜，不欲之君也；皋陶，不欲之相也。蠻夷猾夏，寇賊姦宄，猶不能無明刑作士以威之，況其餘乎？異日者，有司不敢捕盜也，以盜獲未必誅也，

不誅則彼且剚刃于上，以毒其讎而合其黨，故盜賊愈多，犯者愈重。今則不然，明天子振提綱維于上，而執政者持直墨而彈之，法在必行，姦無所赦。論者乃不惟舜、皋之所以致理者，而獨用懦者姑息之說，衰季苟且之政以撓之，其無乃違明詔而詭國法乎？（集·答憲長周友山言弭盜非全在不欲　v2. p683；萬5）

諸葛孔明云：「法行而後知恩」。

今人不達于治理，動以姑息疏縱爲德。及罹於辟，然後從而罪之，是罔民也。僕秉政之初，人亦有以爲嚴急少恩者。然今數年之間，吏斤斤奉法循職，庶務修舉，賢者得以效其功能，不肖者亦免於罪戾，不蹈刑辟。其所成就者幾何？安全者幾何？故曰：「小仁，大仁之賊也。」（集·答閩撫龐惺菴　v2. P701；萬5）

劉向有言：「讒邪之臣，將同心以害正臣。正臣進者，治之表也；邪臣進者，亂之機也。」方今天下當五陽之會，處極辨之朝。一陰潛萌，其兆已現。群邪害正，積慮日深。臣有社稷之寄，心切憂之。（集·乞鑒別忠邪以定國是疏　v1. p353；萬6四月）。

夫令所以布信，數易則疑；法所以防奸，二三則玩。（集·請裁定宗藩事例疏　v1. p373；萬6）

朝廷體統紀綱，文武共守。浙中總兵，不以主將自居，參將不執偏裨之禮。如此，而謂之沿襲舊套，不穀不敢以爲然也。假令兩司官（布政司、按察司）于撫、按不以爲統率，撫、按肯相安耶？近來將官卑靡已甚，祖宗之制，恐不如此。當事者但樂其柔和，爲將者亦競爲趨承。一有風塵之警，誰則當之？此國家之憂也。（集·答浙江巡撫言馭將　v2. P814；萬7）

監司撫按取受不嚴，交際太多，費用太泛，皆嘉、隆以來積習之弊。各省大抵皆然，而廣中爲甚。自不穀戴罪政府，以至于今，所卻兩廣諸公之饋，寧止萬金？若只照常領納，亦可作富家翁矣。若此類者，不取之民而孰辦耶？夫以肉驅蠅，蠅愈至。何者？以致之之道驅之也。司道之取與不嚴，欲有司之從令，不可得矣。督府之取與不嚴，欲司道之從令，不可得矣。不穀當事以來，私宅不見一客，非公事不通私書。門巷闃然，殆如僧舍。雖親戚故舊，交際常禮，一切屛絕。此四方之人所共見聞，非矯僞也。屢

擬嚴旨，獎廉抑貪。欲庶幾以身帥眾，共成羔羊素絲之風，而終不可易。乃苞苴之使，未常絕也；鑽刺之門，未常堙也。雖飯茶茹董，徒自苦耳，何裨于治理耶？雖然，不穀固不敢以人之難化，而遂懈其帥眾之心也。早夜檢點，惟以正己格物之道，有所未盡是懼。亦望公俯同此心，堅持雅操，積誠以動之。有頑冥弗率，重懲勿貸。（集・答兩廣劉凝齋論嚴取與　v2. P868；萬 7）

導民以行，不以言。孫子云：約束不明，申令不熟，將之過也。約束已明，申令已熟，而士不用命，則士之過也，殺之無赦。故能使婦人女子皆赴湯火，冒白刃而不避。今吏治亦然，科條既布，以身先之，有不如令者，姑令之、申之；申令已熟，則不問官職崇卑，出身資格，一體懲之，必罪無赦。若徒以言語教詔之，雖口破唇焦，畢竟何益？（集・答四川巡撫張濂濱　v2. P1039；萬 9）

論　材

才者，材也。養之貴素，使之貴器。養之素則不乏，使之器則得宜。古者一官必有數人堪此任者，是以代匱承乏，不曠天工。今國家于人才，素未嘗留意以蓄養之，而使之又不當其器。一言議及，輒見逐去。及至缺乏，又不得已，論資逐格而敘進之。所進或頗不逮所去。今朝廷濟濟，雖不可謂無人，然亦豈無抱異才，而隱伏者乎？亦豈無罹微玷，而永廢者乎？臣愚以為，諸非貪婪至無行者，盡可隨才任使，效一節之用。況又有卓卓可錄者，而皆使之槁項黃馘以終其身，甚可惜也！吏安得不乏？（集・論時政疏　v1. p497；嘉靖 28）

戚帥才略，在今諸將中誠為希有，幸公以道眼觀之。（集・答薊撫劉北川　v2. p26；隆 2）

（宣、大）督、撫（陳其學）寬洪持重，王公（遴）明達敏練，馬（芳）之沉勇，趙（岢）之才氣，皆僕素所敬信者。文武輯睦，事乃克濟。（集・與薊鎮【大同】巡撫　v2. p65；隆 3）

頃廣中士人，力詆俞帥，科中亦以為言，該部議欲易之。僕聞此人老將知兵，第數年以來，志頗驕怠。意其功名已極，亦欲善刀而藏之。論者之言，

適中其意。臨敵易將，兵家所忌。且撫按俱未嘗有所論劾，乃獨用鄉官之言而罷之，亦非事體，故止於戒飭。然不知其人畢竟何如？公與同事，必知之真。若果不可用，亦宜明示，以便易置也。（集・答兩廣督撫　v2. p159；隆 4）

大抵論廣中諸吏，宜以操守為先。廉且能，上也。即不能兼，且先取廉者。蓋數年以來，廣盜之起，始皆貪吏利其賄以致滋蔓。故唐人有送南海尉詩云：「此鄉多寶玉，慎勿厭清貧。」蓋自古以為難也。（集・答兩廣李蟠峰 v2. p160；隆 4）

趙帥吾撫之甚厚，乃其心憸狠如此，可惡，可惡！昨對其使，面加叱責，彼亦知懼。然少參（山西右參議吳哲）素履端潔，誰不知之？公又為之疏聞，部中又已紀錄，則彼不能揭之，適以益張其賢耳。會少參，幸加慰藉。武人不足介意，今方欲任之，用其長而略其過可也。（集・答總督王鑑川計處黃酋　v2. P281；隆 6）

「文臣事虛文而無實用，武將狃小利而無遠圖。」此二語最中邊吏之膏肓，今若不破此套，而徒為整理云云，終成畫餅耳。（集・答總督王鑑川計處黃昆二虜　v2. P346；隆 6）

閩中數年無警，當事者務沽節省虛名，以致緩急無措，誤事非小。俞（大猷）帥老姦，志意已隳，難以復用，非新壯將軍，不能辦此。胡（守仁）君舊在閩中，頗著戰功，銳於功名。惟公結以誠信，激以忠義，必能有所建立也。（集・與閩中巡撫劉凝齋　v2. P424；萬 1）

安民之要，在於知人；辨論官材，必考其素。顧人主尊居九重，坐運四海，於臣下之姓名、貫址尚不能知，又安能一一別其能否而黜之乎！朝著之間，百司庶府，尚不能識，又安能旁燭於四方郡國之遠乎！（集・進職官書屏疏 v1.p160；萬 2）

邊臣故套難改，鮮有為國家忠慮者。而無識言官，動即建白，及與之論邊事，一似說夢。（集・答吳環洲論邊臣任事　v2. P533；萬 3）

人物品流，亦無定論，惟在試之而責其成功。毋徇虛名，毋求高調，則行能別矣。韓信驅市人而用之，卒以成功。賞罰明，信任當其才也。（集・答福建巡撫耿楚侗言治術　v2. P809；萬 7）

聞王把總者，頗非忠信，陰陽其間，以規重利，其所言亦難盡信也。（集‧答宣大巡撫【總督】鄭範溪　v2. P967；萬 8）

皇上萬機之暇，如披閱古文，欲有所採錄；鑒賞名筆，欲有所題咏。即以屬之諸臣，令其撰具草稿，送臣等看定，然後繕寫呈進聖覽。或不時召至御前，面賜質問，令其發攄蘊抱，各見所長。因以觀其材品之高下，他日量能擢才，自可斷于聖衷。且諸臣因此亦將自慶遭逢，益圖稱塞，爭相淬勵，以求見知于皇上。其于聖明辨材審官之道，亦默寓於中矣。（集‧請用翰林官更番侍直疏　v1. p446；萬 9 春）

宣帥（麻錦）已屬本兵留用。此君論才可用，若素行誠為欠端，賄求鑽刺，皆有實跡，先後開府，未有不中其餌者，今但取其才耳。然今後亦須奮力自檢，以保晚節。此時宣、大無警，為將者亦不專取勇敢；撫綏士卒，繕甲治兵，必廉而愛人者，乃能得士心，備緩急。若徒以其剝下媚人，諂諛鑽刺，猥云有才，緩急寧足賴乎？（集‧答宣大巡撫【總督】　v2. P979；萬 9）

薦　汰

僕因緣際會，謬參重寄，深惟寡昧，無補於時。惟有薦賢一念，庶可報塞於萬一。（集‧答南司徒馬鍾陽　v2. p111；隆 3）

僕平生所厚士大夫甚多，見背者亦不少，然終不以是而易其好賢之心。（集‧答吳堯山言弘願濟世　v2. P379；萬 1）

自公在郎署時，僕已知公。頻年引薦，實出鄙意，不知者乃謂僕因前宰（高拱）之推用為介，誤矣。天下之賢，與天下用之，何必出於己。且僕與前宰素厚，頃者不恤百口為之昭雪。區區用捨之間，又何足為嫌哉！蔡人即吾人，況前宰非蔡人，而公又吾人也，何嫌何疑之有？（集‧答總憲張崛峽言公用舍　v2. P381；萬 1）

僕之淺薄，雖不足以與知人，然一念為國之公，實無所作。故自當事以來，諄諄以此意告於銓曹，無問是誰親故鄉黨，無計從來所作眚過，但能辦國家事，有禮於君者，即舉而錄之，用三驅以顯比，懸一鏡以虛照。故一時群才，咸有帝臣之願。（集‧答冏卿李漸菴論用人才　v2. P395；萬 1）

別楮云云，其人亦素愛其才，故薦之於公。後乃知其狂躁險刻，矜己凌人，不可大用。故昨因其稱疾，遂決去之。然公自此，更不必置之齒頰矣。（集・答兩廣總督殷石汀　v2. P518；萬 3）

夫人才難知，知人固未易也。不穀平日無他長，惟不以毀譽爲用舍。其所拔識，或出于杯酒談笑；或望其豐神意態；或平生未識一面，徒察其行事而得之。皆虛心獨鑒，匪借人言。故有已躋通顯，而其人終身不知者。如公所言，咸冀援於眾力，借譽於先容。若而人者，焉足以得國士？而士亦孰肯爲之用哉！（集・答藩伯賀澹菴言得國士　v2. P905；萬 8）

僕生平好推轂天下賢者。及待罪政府，有進賢之責，而勢又易以引人，故所推轂尤眾。有拔自沉淪小吏，登之諸八座，比肩事主者矣。然皆不使人知，不望其報。蓋薦賢本以爲國，非欲市德於人也。乃今爲僕所引拔者，往往用餽遺相報。卻之，則自疑曰：「何疎我也！」及不能殫乃心、任乃事，被譴責，則又曰：「何不終庇我也！」凡此皆流俗之見，非大雅之材也。（集・答張巡撫濠濱言士稱知己　v2. P968；萬 8）

覈　實

爾來考課不嚴，名實不核。守令之于監司，奔走承順而已。簿書期會爲急務，承望風旨爲精敏。監司以是課其賢否，上之銓衡。銓衡又不深察，惟監司之爲據。至或舉劾參差，毀譽不定，賄多者階崇，巧宦者秩進。語曰：「何以禮義爲？才（財）多而光榮；何以謹愼爲？勇猛而臨官。」以此成風，正直之道塞，勢利之俗成。民之利病，俗之汙隆，孰有留意者乎？（集・論時政疏　v1. p497；嘉靖 28）

近來考課不精，吏治日敝，去歲曾一疏陳之。而人皆溺於故常，務爲姑息以悅下。今實行者，惟見公之論先尹而已。方今幹蠱之時，非加意綜覈，不足以振敝維風。（集・答中丞谷近滄　v2. P95；隆 3）

城守保甲事宜，皆地方切務，但患有司不能著實奉行耳。須屢省詳覈之，庶不徒爲文具。近來薊事，視昔何如？當事諸公，經略亦有次第否？今歲雖幸寧謐，來年尙有可慮，諸公爲備果足恃否？便中，更望密示。（集・答憲長楊晴川　v2. P118；隆 3）

初時人建此議（種樹設險），僕即與同事者曰：「種樹設險，亦守邊要務也，但只如議者之言，決無成效。」同事者頗不以爲然。今已數年，迄未見有一株成者。即如臺工一事，當時者若非僕力排羣議，以身任之，二華與公，殫力運思，躬親督理，則今亦當爲烏有矣。天下事豈有不從實幹，而能有濟者哉！（集‧答總憲凌洋山言邊地種樹設險　v2. P243；隆 5）

天下之事，不難於立法，而難於法之必行；不難於聽言，而難於言之必效。若行事而不考其終，興事而不加屢省，上無綜核之明，人懷苟且之念，雖使堯舜爲君，禹皋爲佐，恐亦難以底績而有成也。

月有考，歲有稽，不惟使聲必中實，事可責成，而參驗綜核之法嚴，即建言立法者，亦將慮其終之罔效，而不敢不愼其始也。致理之要，無逾於此。（集‧請稽查章奏隨事考成以修實政疏　v1. p131～133；萬 1）

今部署已定，以後仍當綜覈名實，一一而吹之。第恐人樂混同，必有以爲刻覈者，然非是無以考成績而亮天工也。（集‧答冏卿李漸菴論用人才　v2. P395；萬 1）

伏望聖明特敕吏部，令其預先虛心訪覈各有司官賢否？惟以安靜宜民者爲最；其沿襲舊套，虛心矯飾者，雖浮譽素隆，亦列下考。撫按以此覈屬官之賢否，吏部以此別撫按之品流，朝廷以此觀吏部之藻鑒。若撫按官不能悉心甄別，而以舊套了事，則撫按官爲不稱職矣，吏部宜秉公汰黜之；吏部不能悉心精覈，而以舊套了事，則吏部爲不稱職矣，朝廷宜秉公更置之。庶有司不敢以虛僞蒙上，而實惠旁孚，元元之大幸也。（集‧請擇有司蠲逋賦以安民生疏　v1. p214；萬 4）

授　權

萬里之外，事難遙度，用兵之機，忌從中制，惟公熟計而審圖之。（集‧答兩廣殷石汀　v2. P269；隆 6）

廣事之壞，已非一日。今欲振之，必寬文法，假便宜乃可。近來議者紛紛，然朝廷既以閫外託公，任公自擇便宜行之，期於地方安寧而已。雖彈章盈公車，終不爲搖也。（集‧答兩廣殷總督　v2. P309；隆 6）

嶺表之事，一以託公，必無敢搖撓之者。願懋建奇功，以副輿望。（集‧答

兩廣殷石汀　v2. P330；隆 6 冬）

昨已面奏皇上，言邊將不得便宜，每中制於司道，他日脫有償事，當與將吏同罪，決不少貸。（集‧答劉總督　v2. P384；萬 1）

主上既以鎖鑰付之諸公，一切更置，不從中撓。然任之愈重，望之愈殷矣。（集‧答吳環洲　v2. P390；萬 1）

劉（顯）帥功名，著於西蜀。取功贖過，保全威名，在此一舉。其一切攻圍之計，宜聽其自為便利，勿中制之。（集‧與蜀撫曾確菴計剿都蠻　v2. P406；萬 1）

今之時政與先年異，公受分陝之寄，凡事當守便宜，亦不必汲汲求解于群議也。（集‧答陝西督撫石毅菴　v2. P535；萬 3）

調　護

戚帥以總理改總兵，誠為貶損。緣僕以書相問之時，不急以此意告我，而本兵又倉卒題覆，故處之未盡其宜，然及今尚可為也。望公於議疏中委曲為言，不但體面降抑，為下所輕；且督撫標兵，皆欲付之訓練，若不兼總理，何以行便？乞特致一書於閣中二公及虞坡、思齋，僕得從中贊之，更易為力也。（集‧與薊遼總督譚二華　v2.p33；隆 2）

向有人告僕云，戚帥求望太過，志意太侈，雖公亦甚苦之，故僕以為問。今奉來教，知昔之所怏怏者，徒以削其總理舊銜耳。今既力為光復，更將何求？近屢得渠稟帖，極為感奮，頗務收拾人心，漸圖實事。仍望公時時教督之。雖然，僕何私於戚哉！獨以此輩，國之爪牙，不少優假，無以得其死力。今西北諸將如趙、馬輩，僕亦曲意厚撫之，凡皆以為國家耳。縷縷之忠，惟天可鑒。若此輩不為國家盡力，是負天矣。（集‧與薊遼督撫　v2.p50；隆 3）

戚之聲名，雖著於南土。然觀其才智，似亦非泥於一局，而不知變者。且既已被鎮守之命，有封疆之責，豈宜別有注畫乎？今人方以此窺戚之釁，恐不知者又將以為口實也。公如愛戚，惟調適眾情，消弭浮議，使之得少展布，即有裨於國家多矣。（集‧答凌參政　v2. p63；隆 3）

趙帥才勇，公所素知。重鎮大將，關係不小，望公之垂盼也。（集‧答薊【大同】撫朱龍岡　v2. p69；隆3）

近巡關訪拏南兵，聞其事已往，且經戚帥重治。何又為苛求如此？聞該道誤信一二屬官之譖，多方羅織，務在挫辱之，使不得有為。果爾，薊事終無可振之日矣。望公與撫臺曲為一處，庶閫外之事，得少展布也。（集‧與薊遼督撫王鑑川【譚綸】　v2. p72；隆3）

譚公、戚帥殫忠效實，人罕知者。賴公委曲調護，裨益宏多。（集‧答淩參政洋山　v2. p90；隆3）

宣、大之說，妄誕狂肆，見者無不笑之。其意不過妒薊人之戒備郤虜，欲邀以為功。不知疆場寧謐，國家無事，人臣並受其福，奚必功之自己出耶？其疏不復下部，徑批量賞，蓋恐部復又滋口說也。公於此，但宜付之不知，置之勿論。若與之辯析，則又一某矣。

事寧之後，可上一疏，言今秋虜情，據宣、大初報，十分重大，邊臣恐懼無措，躬履戎行，晝夜戒備。賴天威遠讋，廟堂指畫；西鎮之強兵猛將，既有以振其先聲；內地之足餉守要，又有以破其陰計。是以醜虜畏阻，自行解散。

在我無亡矢遺鏃之費，而在彼有奔走約會之勞。臣等待罪邊疆，幸免愆戾云云。不惟不與之爭功，反推以與之，彼當嚼舌愧死矣。（集‧與薊遼總督譚二華論遏虜爭功　v2. P157；隆4）

鑑川謂馬帥，賊在門庭，按兵不赴，意甚銜之。僕再三為之營解，謂老酋方駐在近邊，渠豈敢輕身東援，乃得免於重參。公須為調護於中可也。（集‧與方金湖言制俺酋款貢事　v2. P173；隆4十月）

徐（學謨）憲副昔守敝郡，甚有政績，而恃其才守，屢憎於人。雷（稽古）院之論，蓋誤聽人言，非有私惡也。襄漢士民自有公論，願公博訪而審聽之；如事有實跡，則亦非僕所能庇也。（集‧答楚按院陳燕野　v2. p205；隆5）

譚、戚二君，數年間大忤時宰意，幾欲殺之，僕委曲保全，今始脫諸水火；一旦驟用之，恐不可成，徒益眾忌。且以九邊萬里之遠，馳驅經略，而責效於三載之間，即二君高才，亦未能辦也。當取公策，秘之錦囊中，酌而

行之。（集·答楚撫院汪南明　v2. p208；隆5）

夫人臣能具誠擔任，國之寶也。使僕苟可以薦達之，保護之，即蒙嫌樹怨，亦所不避，但願天下士大夫，共體此懷，無負朝廷耳。（集·與河道萬巡撫論河漕兼及時政　v2. P341；隆6冬）

都蠻（四川宜賓地區）爲害多年，不容不除。

但用兵之道，全在將得其人。前承教，謂劉顯足辦此事。昨科中用閩事（劉顯於福建剿倭戰中，失興化城）論之，鄙意以蜀征方始，不宜輒易大將。而司馬又不敢獨當，故咨之於公也。若其人果可用，不妨特疏留之，立功贖罪；如不可用，則當別授能者。公宜以此意明示劉顯，俾鼓舞奮勵。如玩寇無功，必將前罪併論誅之，不敢庇也。（集·與蜀撫曾確菴計剿都蠻之始　v2. P358；萬1）

僕與馬（芳，大同總兵）、趙（岢，宣府總兵）素不識面。異時當國者之家奴，率與邊將結拜，鮮不受其啗者。自僕任事以來，內外隔絕，倖門盡塞。朝房接受公謁，門巷間可張羅，亦無敢有以間語譖言入於僕之耳者，又何所私庇於人？即此兩人之狡猾無狀，僕豈不知。第以其俱嚊喈宿將，部下又多獷少，代者未必能馭，即有瘢纇，尤可驅策而用之。貢市羈虜，本難久恃，猝有緩急，無可使者，故不得已曲爲保全，徒以爲國家耳。士大夫乃獨不諒鄙心，奈之何哉！（集·答薊鎮巡撫言優假將官　v2. P386；萬1）

石汀督廣數年，勞苦而功高。然廣中士夫，亦有不悅者。頃曾面奏主上，專任而責成之。聞公與之素雅，尤望同心共濟，計安地方，以迶朝廷南顧之憂。（集·答巡撫張公守約　v2. P468；萬2）

薊鎮屬夷捉人要賞、乘間爲盜，自昔已然。昨日，豎子若不輕身，出塞浪追，則亦無此喪敗矣。今四方所報，殺官劫庫之事，無歲無之。中土且然，況邊境乎！薊帥（戚繼光）昨蒙嚴旨切責，足以示懲。若舉全鎮防守之功，委無所損。數年以來，一矢不驚，內外安堵，此其功寧可誣乎？貓以辟鼠爲上品；山有虎豹，藜藿不採，又不以搏噬爲能也。

若欲爲之委曲除豁，則可云：「據近日鴉鶻（古北口附近）屬夷之事，雖若防禦少疏，然舉一鎮修守卻虜之勞，實於功名未損。」以此意措詞，不知可否，惟高明裁之。（集·答閱邊郜文川言戰守功閥　v2. P616；萬4）

為國任事之臣，僕視之如子弟，既獎率之，又寶愛之，惟恐傷也。（集・答總督【巡撫】張心齋計戰守邊將　v2. P619；萬 4）

宣、薊脣齒之勢，異時兩鎮，視如秦、越。虜禍中於薊，則宣人安枕，雖得虜情，不以實告。今移公于宣者，所以為薊也。撫、鎮協和，文武輯睦，邊境之利也。（集・答宣大【宣府】王巡撫言薊邊要務　v2. P665；萬 5）

古人臨事而懼，公今肩鉅任事，安得不為兢兢？若夫流議怨謗，則願公勿慮焉。孤淺劣無他腸，唯一念任賢保善之心，則有植諸性而不可渝者。若誠賢者也，誠志於國家者也，必多方引薦，始終保全，雖因此冒嫌蒙謗，亦無悶焉。（集・答河道司空吳自湖言任人任事　v2. P735；萬 6）

激　勉

今歲秋防無警，貴鎮又有此奇功，足下赤心報國，功冠諸邊，於僕亦有光矣。幸努力功名，朝廷自有大爵賞。一切事體，不必過慮。如有難處之事，一一說來，僕自有處。（集・答馬總兵　v2. p25；隆 2）

戚帥復總理，不載議中，諒公有難言者。已據部疏，擬特旨行之。即有言者，無足慮也。但乞諭意戚帥，努力功名，以答群望，僕亦與有光焉。（集・與薊遼總督　v2. p40；隆 2）

閩中報捷，在蔣伯清失事之先，言者不察，道為訾詆。比來公議甚明，朝廷方精覈名實，以勸有功。即謗書盈篋，終不為動也。願公自信，毋慮。（集・答涂巡撫　v2. p61；隆 2）

薊事仗公雄略，有漸振之勢，慰甚。
戚帥不知近日舉動何如？折節以下士夫，省文以期實效，坦懷以合睽貳，正己以振威稜，乃渠今日最切務也。相見幸一勉之。（集・與薊遼督撫　v2. p44；隆 3）

公之忠赤勞勩，人雖不盡知，我祖宗在天之靈，必陰鑒之。願堅持此心（修築敵臺事），保無他虞。僕在此一日，必為國家肩一日之事。今人心不同，趨向靡定。百爾委曲調御，僅得少濟，終無能大有建明，其苦心極力處，有不敢為公告者。亦惟仰祈我祖宗在天之靈，鑒此款款耳。（集・答總督譚二華論任事籌邊　v2. p96；隆 3）

公以青年僑才，竟爲例格，一蹶而不振，豈非命哉！然人能抑公之官職，而不能抑公之人品；能使其事業不顯於當時，而不能使其文章不傳於後世。其所能者，則既無可奈何矣；其所不能者，則願公勉焉。（集‧寄太史吳後菴　v2. P174；隆4）

姚子（巡按宣大御史姚繼可）之言甚妄（劾方逢時縱寇掠，當罷），恐金湖（大同巡撫方逢時）聞之，意或灰阻，願公曲加慰勉。此事（俺答之孫那吉降漢）關係甚重，倘處置少失，雖離地方，責亦難諉，況未必得去乎。事機所在，間不容髮。尊見既定，斷而行之，勿自掣肘。彼雖有言，廟議已決，無足恤也。（集‧與王鑑川計送歸那吉事　v2. P179；隆4十二月）

紛紛之議，聞皆起於柳人。聽者不察，率爾奏瀆，其中自相牴牾，茫無的據。幸聖明遠矚，公論昭然。公亦不必以此疑阻。要令餘毒盡銷，士民安堵，則忌吻浮談，不摧自破矣。（集‧答兩廣殷石汀　v2. P209；隆5）

聞套虜西掠失利，彼方搆禍於番夷，則在我可因間益修守禦，以備不虞。東虜骨肉乖離，俺酋衰老，偷欲求安，皆中國之利。但願諸公努力勳名，毋失此機會。（集‧答司馬戴育【晉】菴　v2. P311；隆6）

惠賊（廣東惠州籃一清、賴元爵亂事）斬馘至萬，諸賊當已破膽，可次第就戮矣。大功克就，嶺表輯寧，朝士大夫始服公之雄略，而信僕知人之明。昔充國之策，惟魏相一人主之。僕雖不逮相，而公之功烈，則過充國遠矣。（集‧答兩廣總督殷石汀　v2. P374；萬1）

嶺表盜藪，雖在可封之時，不無姦宄之警。頃仗公雄略，天戈所指，電掃風驅。凱聲騰於邅陬，餘威震乎殊俗。粵中縉紳，亦自謂有知以來，用兵制勝，未有如今之盛者也。喜而爲之折屐。功高賞薄，尚當有待。頃侍上燕間，從容語及嶺表事，公之鴻猷峻烈，已簡在帝心矣。願益懋勳庸，以需大畀。（集‧答兩廣殷石汀　v2. P392；萬1）

惟公僑才厚蓄，又富於春秋，不以此時取旂常，勒鐘鼎，乃顧戀庭闈，忘在公之義，非所望也。茲屬休明之會，方將招遺佚於蒿軸，寧肯縱鸞鶴於雲林？大疏已屬部覆，而雅志必不得遂，願勉奉簡書，以徇國事。（集‧答總憲張岷崍　v2. P402；萬1）

邊屯俱興，士得溫飽。公之功，獨冠諸道。（集‧答吳道南　v2. P434；萬1）

大疏已上，銓部且議題覆。公此後但宜默付之公論而已。爲國任事之臣，僕當與之同去就者，公第安心勿慮。（集・答吳環洲　v2. P433；萬 1）

太祖高皇帝，每遇各地方官來京奏事，常召見賜食，訪問民間疾苦。雖縣臣、典史有廉能愛民者，亦特差行人齎敕獎勵，或封內帑金幣以賚之。（集・請定面獎廉能儀注疏　v1.p142；萬 2）

僕自去歲，曾面奏主上曰：「今南北督撫諸臣，皆臣所選用，能爲國家盡忠任事者，主上宜加信任，勿聽浮言苛求，使不得展布。」主上深以爲然，且獎諭云：「先生公忠爲國，用人豈有不當者。」故自公當事以來，一切許以便宜從事。雖毀言日至，而屬任日堅。然僕所以敢冒嫌違眾而不顧者，亦恃主上之見信耳。主上信僕，故亦信公。則公今之求去者，爲不獲於上乎？爲不合於執政乎？二者無之，而獨以浮忌之口，即欲引去，是忍於背君相之知，而重於犯庸眾之口也。願公勿復以爲言。了此殘寇，爲地方計慮久遠，悉力以圖之。彼中人此時雖不能盡諧，他日必有尸祝之。此大丈夫不朽之鴻業也，他何足惜！俟廣事大定，亦必移公他處，以休驥足，決不以嶺表爲公玉門也。（集・答殷石汀言宜終功名答知遇　v2. P475；萬 2）

上谷（宣府）得公，隱然如長城。僕內奉宸展，外憂邊境，一日之內，神游九塞，蓋不啻一再至而已。

孤子一身，無可與計事者，故每得翰示，輒悅懌竟日，非喜其說之同己也，喜其有助於昏昧也。然不敢舉以告人，恐忌者遂側目于公。乃知大舜隱惡而揚善，亦有不可行於今者矣。（集・答吳環洲論邊臣任事　v2. P533；萬 3）

公幸時時論意李（成梁）帥，大將貴能勇能怯，見可知難，乃可以建大功。（集・答總督【巡撫】張心齋計戰守邊將　v2. P619；萬 4）

誠 惕

比奉公書，責讓僕於宣帥（總兵趙岢）有所私庇。僕不識其人也，第見前任督撫諸君，咸稱其才勇可用，比之雲中（大同總兵馬芳）尤爲近實。故時有獎借之辭，要能感奮爲國家用命。如其狡飾倚借，罔上行私，國典具存，孰敢庇之！近訪之其誣玷司道事，即使人傳語，深加叱責，此足以明僕之無所私庇於人也。正功罪，明賞罰；懲奸覈實，此督撫事也，僕輩何

敢屈撓焉。（集‧答邊鎮督撫　v2. P297；隆6上半年）

人心陷溺已久，宿垢未能盡除，若不特行戒諭，明示以正大光明之路，則眾心無所適從，化理何由而致？（集‧請諭戒群臣疏　v1. p69；隆6七月）

足下自處，又且務崇謙抑，毋自啓侮。

昔李愬屬櫜鞬謁裴度於道，唐史美之。蓋重命使所以尊朝廷也。司馬此行，於薊事甚有關係，幸留意焉。（集‧與戚總兵　v2. P335；隆6秋後）

天下事有欲速而反遲，求得而顧失者，公是也。公昔在郿臺，有惠政，無端被誣，世所共惜。薦言屢至，召用有期，公乃急于求進，若不能須臾少竢者，異時撫臺有缺，僕即以公屬之銓衡。乃當事者對言，此公才信可用，獨無奈其竿牘頻仍，本部以是引嫌不敢用之。而僕自是亦默然悉阻，不敢復言公事矣。此非所謂欲速而反遲，求得而顧失者乎？

古人言：「非其義而與之，如寘之壑中。」誠不意公之以僕爲壑也！以公夙所抱負，又當盛年，固時所當用者。此後闔門養重，靜以竢之，弓旌之召，將不求而自至。若必欲如流俗所爲，舍大道而由曲徑，棄道誼而用貨賄。僕不得已，必將言揚于廷，以明己之無私。則僕既陷于薄德，而公亦永無嚮用之路矣，是彼此俱損也。（集‧答劉虹川總憲　v2. P565；萬3）

願足下自處，務從謙抑。凡事關利害，宜直披情愫，虛心商榷而行。勿定執己見，勿心口異同，與人爭體面，講閒氣；南北軍情，務須調適，法行一概，勿得偏重；凡浮蠹冗食之人，悉宜除汰，畜之無用，徒招物議；其處置屬夷一節，不可視爲細事。務宜恩威互用，使之知畏且懷，爲我外籓可也。邊疆事重，孤雖去（離京歸葬），不敢須臾少忘。頃奉上諭，凡機密重務，許以不時奏聞。闔外之事，部署已定，幸足下倍加審愼，勿以孤之暫去，而遂易慮也。（集‧答薊鎮總兵戚南塘計邊事　v2. P744；萬6）

賞　罰

廣事不意披猖至此。諸將所領兵船，亦不甚少，乃見賊不一交鋒，輒望風奔北。何耶？將不得人，軍令不振，雖有兵食，成功亦難。故縶四敗將於闕下，不重懲之，無以示警。（集‧答兩廣督撫張元洲　v2. p14；隆2）

廣賊猖狂，蔓延閩地。當事者張皇奏捷，本兵據揭題覆，遽行賞賚，俱爲

大謬。辱示大疏，讀之使人憤恨。頃該科亦以爲言，向後當別有處分也。（集・答閩中巡撫　v2. p36；隆 2）

近來邊臣，人心思奮。而宣、大二鎮督撫將領，尤爲得人。

馬、趙二帥，去歲出塞之功，實數年僅見，即破格優賞，豈足爲過？而人猶有議其功微賞厚者。本兵遂憮縮疑畏，而不敢爲之主。

言者率云「責實」、「責實」矣，而又不明賞罰以勵之，則孰肯冒死犯難，爲國家用哉。（集・與薊鎮【大同】巡撫　v2. P65；隆 3）

諸鎮斬捕首虜幾二百級，自來出塞之功，未有如是之奇者，宜破格錄敘，以風諸將。而人之所見，乃有大不然者。其時僕偶以病出沐，不獲與議，徑從薄賚。然公論皆以爲未允，俟勘疏至，尚當有處也。（集・答督撫王鑑川　v2. p115；隆 3）

虜酋內附，逆賊伏誅，邊境救寧，神人胥慶，此不世之功也。加秩廕賚，未足以酬，尚當有待。（集・答王鑑川　v2. P182；隆 4 十二月）

國家欲興起事功，非有重賞必罰，終不可振。來歲擬遣大臣閱視，大行賞罰。如猶玩愒難振，則僕自請如先朝故事，杖鉞巡邊。人臣受國厚恩，坐享利祿，不思一報，非義也。（集・答總憲淩洋山言邊地種樹設險　v2. P243；隆 5）

南中人情狡僞，詔獄繁興，擬議失中，致傷和氣。

處天下事，非至虛至平，不得其理。而詔獄民之司命，所係尤重。頃見之持法者，類以三尺行己意耳。嗟夫！天子猶不敢以己意生殺人，況人臣乎？（集・答南司寇謝泰東論刑獄　v2. P261；隆 6 春）

茲聞首惡（監利盜賊）已盡擒獲，餘黨稍稍解散。

監利李尹，不費兵力，收此奇功，允宜破格優錄；或暫加服俸，仍管縣事，他日以兵備，僉憲處之，何如？（集・答楚按院陳燕野　v2. P279；隆 6 春夏間）

賞僭則濫及匪人，知足乃免於殆辱。然賞疑惟重，在明主不失厚下之仁，而履盛忘危，在人臣必致顛隮之咎。（集・再辭恩命疏　v1. p79；隆 6）

明主馭下，施一概之平，亦不宜獨私親近，橫予濫及，以失遠方將士之心，

乖朝廷激勸之義也。（集・廣東奏捷辭免加恩疏　v1. p123；萬1）

馬帥既被重劾，必當罷之。第苦代者之難，奈何！（集・答司馬吳堯山　v2. P357；萬1）

夫祿以奠食，必有兼人之能，而後可以食兼官之祿；廩以酬勞，必有超世之功而後可以蒙延世之賞。（集・進《實錄》辭免加恩疏　v1. p152；萬2）

慶賞之典，激勸攸關，必當其功乃可服眾。

（遼東大捷）論其力戰之功，尚當以將士爲首。故臣等昨者擬票，加恩該鎮諸臣，首敘總兵，賜賚獨厚。雖總督、巡撫身在地方親理戎務者，亦視之有差。誠以摧鋒陷堅，躬冒矢石，本諸將士之力，固非坐而指畫者所可同也。況如臣等，身不出乎禁闥，足不履乎戎行。雖曾借箸效畫，演繹授事，不過奉英主之睿謨，效閣臣之常職耳。乃欲緣此遂攘以爲功，冒叨恩寵，則九邊之士聞之，必將曰：「我輩披堅執銳，千辛萬苦，乃得一級之賞，而彼乃掠而有之。」武夫力而獲諸原，書生坐而享其利。不惟以功蒙賞者，不知所勸；而旁觀逖聽之人，亦將憤惋而不平矣，非所以昭大公、明激勸也。（集・遼東大捷辭恩疏　v1. p156；萬2十一月）

張齊賢（宋眞宗朝兵部尚書同中書門下平章事）云：「自古疆場之患，非盡由夷狄，亦多邊吏擾而致之。」頃墩軍襲殺屬吏，情甚可惡，宜即梟首，以洩屬夷之忿，杜將來之患。今人口語嘖嘖，咸云：南兵無紀律，專肆貪縱。今有此，又好事者之資也。其同惡之人，亦宜以軍法處之。烽火爲軍中耳目，最宜嚴謹。古之爲將者，鼓一鳴，即前有湯火，不敢不赴；金一奏，即見利可趨，不敢不退。今平時自爲出入，而管軍者不知，臨陣何以號令之乎！戚總理聞平日馭軍甚嚴，今安得有此。（集・答督撫劉百川　v2. P463；萬2）

庸將（參將施宗儒）輕率寡謀，損威辱國，死不足惜。但古北口（北京密雲縣東北）要地，素稱險峻，乃賊至數十人，踰垣而入，肆其侵掠，而守者不知，則置兵設險，俱屬無用矣。且賊初意，止於侵盜，原非設伏誘我者。宗儒之出，從者百餘人，使人人致死，未必便爾覆敗，乃從者見賊先奔，遂致主帥陷沒。觀此舉措將來之事深屬可憂。

其守臺、守口及棄將先奔之軍人，宜以軍法重治，察其尤重者，戮數人以

伸軍令。薊門數年安靜，人心已懈，天其或者借此以示儆乎？若諸公當事者狃於治安，不加戒備，則其患有不可勝言者矣。且南兵素稱敢戰，今未效一矢之力，見賊先奔，何以解於紛紛之議？惟公熟計之。（集・答薊遼總督楊晴川　v2. p612；萬 4）

遼左數年，雖頗有獲，損失亦多。薊門十年以來，一矢不驚，軍民安堵，較其績效，孰少孰多？而論者于此，則百計摧抑之，于彼則多方掩護之。昨該鎮巡按遇虜，僅以身免，若令薊門有此事，則內外不知有多少劾疏矣。而彼中方盛張功伐以掩其事，巡按亦破膽結舌而不一言。如此，尚為有公道乎？昨令本兵從公議行賞罰，以服人心之旨，蓋為此也。遼、薊皆公所轄，何親何疏？朝廷視之，亦何輕何重？但賞罰功罪，須至公至平，人心乃服。人心服，而後可責其用命也。辱公至厚，故敢直披其愚，亦勿令薊門將士知之，恐生驕悍也。（集・答薊遼總督　v2. p668；萬 5）

細觀塘報，前項虜人有得罪土蠻，欲過河東住牧等語。雖其言未可盡信，然據報，彼既擁七、八百騎，詐謀入犯，必有準備。我偏師一出，即望風奔潰，駢首就戮，曾未見有抗螳臂以當車轍者。其所獲牛、羊等項，殆類住牧家當，與入犯形勢不同。此中情狀，大有可疑。或實投奔之虜，邊將疑其有詐，不加詳審，遂從而戮之耳。今奉聖諭特獎，勢固難已。但功罪賞罰，勸懲所係。萬一所獲非入犯之人，而冒得厚賞，將開邊將要功之隙，阻外夷向化之心。其所關係，非細故也。且李成梁節被寵賚，已為不薄。異時邊將以功蔭子未有世襲者，而渠每蔭必世，又皆三品以上大官。今再欲加厚，惟有封爵而已。祖宗舊例，武臣必身臨行陣，斬將搴旗，以功中率乃得封。今據所報，彼固未嘗領兵當敵，如往者戰平虜、擒王皋也。昔唯賞蔭，今乃加封，厚薄亦非其倫也。（集・答本兵方金湖言邊功宜詳覈　v2. P748；萬 6）

前遼陽事（萬 9　三月，遼陽副總兵曹簠，中伏兵敗），損吾士馬甚眾。若曹簠之輕率寡謀，免死為幸，亦宜重懲，勿事姑息也。（集・答薊遼吳環洲　v2. P1034；萬 9）

麻帥力量擔當，足稱專閫之寄，會間宜一獎之，俾益感奮。（集・答宣府張崛崍　v2. P1070；萬 9 春夏間）

邊　政

目前自守之策，莫要於選擇邊吏，團練鄉兵，併守墩堡，令民收保。時簡精銳，出其空虛以制之。虜即入犯，亦可不至大失。（集‧陳六事疏　v1.p10；隆2）

山東民兵，徒有征戍之勞，而無戰守之益。若析解工食銀糧，則一歲中即可得十餘萬。以此十餘萬之貲，召募土著精壯之人，便可得勝兵五六千，比之千里遣戍，功相萬矣。（集‧與薊遼總督譚二華　v2.p33；隆2）

近訪得薊鎮軍糧，有關支於一二百里之外者，士卒甚以為苦。夫以數口之家，仰給於一石之粟，支放不時，斗斛不足，而又使之候支於數百里之外。往返道路，顧倩負載，費將誰出？是名雖一石，其實不過八九斗止矣。況今日又有「撫賞」、「採柴」等項名色，頗出其中。如是欲士皆飽食，折衝禦侮，能乎？聞舊制，各區隨在皆有倉口，該官守支。今各倉廠或頗圮壞，而其制猶有，獨不可併廠修理，就近坐派乎？（集‧與薊遼督撫　v2.p48；隆3）

頃閩、粵驛騷，患將及浙。預防之策，兵餉為急。乃往者，撫臺每一人至，即奏請蠲貸，徒為節省之名，不思幹濟之實。脫一旦有急，帑藏空匱，當其時，能不徵派於民乎？此務虛名而實禍者。（集‧答浙撫谷近滄　v2.p74；隆3）

築臺守險，可以遠哨望，運矢石。勢有建瓴之便，士無露宿之虞。以逸待勞，為不可勝，乃策之最得者。其利害長短，亦不待智者而後知。奈何世間一種幸災樂禍之人，妒人有功，阻人成事，好為異說，以淆亂國是。又幸天下之有事，而欲以信其言。聞者不察，從而和之，數月紛紛盈耳。（集‧答總督譚二華論任事籌邊　v2.p96；隆3）

臺工之議，始終以為可行，確然而不搖者，惟區區一人而已。
昨部覆兵科疏，尚欲下督撫議。區區再三曉以頃總督疏：臺工限已寬矣，賞已併矣，大工垂成，奈何終止？既不可止，又何議為？徒使任事者疑畏而自阻耳！部中因予言而止，覆詞頗亦分曉。會軍門可達此意，勿生退悔。（集‧答薊鎮督撫計邊鎮臺工　v2.P142；隆4）

貴鎮清查軍餉，萬有餘人，數十年宿蠹，一朝剔去，司國計者，方且嘖嘖

稱羨。乃聞近日又欲募卒補伍，是以弊易弊也。且南兵工食，在常額之外，方患無以給之，賴此補數，似不必更招浮淫，以滋冗濫也。（集‧與薊鎮楊巡撫　v2. P197；隆5）

響水（響水堡，屬榆林衛，位陝西榆林南方）極當虜衝，急宜修繕。（集‧答三邊總督郜文川　v2. P199；隆5）

承示大疏八事。

然八事之中，屯政爲要。今之議者，皆患兵冗，一切務爲清汰節縮，僕竊以爲過矣。天生五材，民並用之，誰能去兵？孔子稱「必不得已而去」，今之時，非有甚不得已也。乃不務爲足兵，而務爲去兵，則唐之季世是矣。然足食乃足兵之本，如欲足食，則舍屯種莫繇焉。誠使邊政之地，萬畝皆興，三時不害，但令野無曠土，毋與小民爭利，則遠方失業之人，皆襁負而至。家自爲戰，人自爲守，不求兵而兵足矣。此言似迂，然在往時誠不暇，今則其時矣。（集‧答薊鎮【宣大】總督王鑑川言邊屯　v2. P239；隆5）

設險守要，乃邊政之大者，況此係修復頹廢，非更有創建。但邊長費鉅，須漸次行之耳。（集‧答司馬吳堯山　v2. P357；萬1）

僕日夜以邊事爲憂，而屬意於薊尤甚。望公督率文武諸大吏，及今加意經理，常若大敵當前，庶保無虞。（集‧答劉總督　v2. P384；萬1）

辱示屯政云云，俱於事理至當，願公堅定行之。屯政舉，則士得飽食，可以議戰矣。（集‧答方金湖計服三衛屬夷　v2. P489；萬2）

制虜之道，惟當視吾備之修否？服則懷之，叛則禦之；得其好言，不足喜，得其惡言，不足怒也。（集‧答甘肅巡撫侯掖川　v2. P496；萬2）

蘭州倉場積弊，不獨寄貯民間，殆并民間所貯者，亦爲虛數。官司積棍與姦商相通，冒領官銀，並無糶易。每有調遣，則賄囑將官，量以布米等物給軍，隨即銷除。以一日爲二三日者有之，以一千爲二三千者有之，蓋其弊久矣。茲既清查重處，乃振弊維新之會。凡有所當行者，計處已熟，可呈詳督撫題奏。（集‧答隴右大參李冀軒　v2. P570；萬3）

大抵修內治，飭武備，雖邊圉無虞，亦不可懈，豈視外夷強弱，以爲緩急乎？自今該道兵憲及州縣正官，宜愼選其人，俾加意整飭，使遠至邇安，

則有備無患之道也。（集・答滇撫王凝齋　v2. P712；萬 5）

近日，曾有人言，榆中（陝西榆林地區）築臺工急，軍人嗟怨者。孤竊以勞民動眾之事，誰肯樂從？惟謀國者主持不惑，當事者措畫有方，乃可望其抵績耳。昔譚（綸）司馬在薊建議築臺，其時人情洶洶，流言四起。忌者欲因此中以奇禍；政府諸公亦皆懼而求罷；獨孤一人力持不顧，乃克有成。數年以來，虜不敢窺薊者，實賴守險之力。若如當時之議，豈得有今日乎！（集・答陝西巡撫宋禮齋　v2. P731；萬 5）

治　軍

夫兵不患少而患弱。今軍伍雖缺，而糧籍具存。若能按籍徵求，清查影占，隨宜募補，著實訓練，何患無兵？捐無用不急之費，併其財力，以撫養戰鬥之士，何患無財？懸重賞以勸有功，寬文法以伸將權，則忠勇之夫，孰不思奮，又何患于無將？（集・陳六事疏　v1. p9；隆 2）

南兵既不可取，鎮兵或不足數，必須聽其召募，庶可充伍。且訓練若成，則老弱可以漸汰，援兵可以漸減，又不苦於供億之繁矣。兵不貴多而貴精。李抱真在澤潞，以兩萬人雄視山東，豈在眾哉 。（集・與薊遼總督譚二華　v2. p30；隆 2）

合練之法，不獨勤兵習戰，又可以預伐虜謀，守邊之策無急於此矣。（集・答劉總督　v2. P339；隆 6）

古之論戰者，亦不全恃甲兵精銳，尤貴將士輯和。和，則一可當百；不和，雖有眾，弗能用也。竊聞北人積怨於南兵久矣，今見敵，則必推之使先。勝則欲分其功，敗則必不相救。是足下之士，能戰者無幾耳。軍情乖離，人自為心，鼓之而弗進，禁之而弗止，雖有嚴刑竣法，將安所施？羊羹之事，可為明戒，足下宜深思之！時時查軍情向背，布大公，昭大信；毋信讒言，毋徇私情；毋以喜行賞，毋以怒用罰；部署諸將，宜令食多而養厚者當先，毋令失職怨望者當劇處；虛心受善，慎毋偏聽；察軍中如有隱鬱，亟與宣達；平日號令，如有未妥，不妨改圖；士卒毋分南北，一體煦育而拊循之；與最下者同甘苦，務使指臂相使，萬眾一心，知愛護主將如衛頭目。則不待兩軍相遇，而決勝之機在我矣。（集・答總兵戚南塘授擊土蠻之

策　v2. P952；萬 8）

邊　情

邊圉之臣，皆務一切幸而不爲大害，則欣然而喜，無復有爲萬世之慮，建難勝之策者。（集‧論時政疏　v1. p498；嘉 28）

薊鎮有沉痼之疾，非旦夕可療者。惟本之以實心，鎮之以沉靜，審處機宜，弛張並用，需以歲月，庶可成功。（集‧答薊撫劉北川　v2. p26；隆 2）

虜賊聚兵，及三路入犯，恐屬未的。何者？虜若大舉，必不止於八千一萬。審欲大舉，亦必匿形斂翼，豈肯以三路之說，明告於人？且今天氣漸熱，虜馬已弱。零騎往來，難保必無。若欲深入，恐非其時。雖然，不可不過爲之防也。已告於本兵，俟有的報，即行調遣。（集‧與薊遼督撫　v2. p48；隆 3）

廣中人情多變，將領利於養寇，姦民利於從賊，此逋寇所以得游魂海上也。（集‧答兩廣總督劉帶川　v2. p73；隆 3）

節得西報，虜酋尚未回巢。東虜勢孤，或亦不能大舉。若隘要處墩臺已就，秋防諒保無虞。需以一二年，守備漸修，士氣稍振，即可議戰矣。（集‧答凌參政洋山　v2. p90；隆 3）

雲中迫鄰虜境，比年主將非人，邊備久弛。近得趙帥，稍覺改觀。公資其雄略，授以勝算，虜不足慮矣。（集‧答中丞李沽渠　v2. p93；隆 3）

虜馬南牧，自春涉夏，誘我遁逃，擾我穡事。彼能多方以誤我，而我竟不能出奇以制之，邊將可謂無人矣。（集‧答薊鎮撫院【宣大總督】王鑑川　v2. P136；隆 4）

今年虜情可虞。聞鎮中哨夜，亦有得至虜帳中者，想得其的耗，幸密以告我，當秘之不泄也。（集‧答薊鎮督【巡】撫計邊鎮臺工　v2. P142；隆 4）

此中（宣府、大同二邊）事情，與關西（函谷關以西，即陝、甘等處）稍異：虜強，一也。雲中北直虜庭，板升叛逆，倚虜爲患，二也。世無鬥志，惟務賄免，三也。卒惰而玩，將令不行，四也。密邇畿甸，畏避情深。小入，則大虜勢，以爲解脫之地；小勝，則張虛聲以邀式過之功；積習故套，

牢不可破，五也。（集·答薊鎮撫院【宣大總督】王鑑川論薊邊五患　v2.
P144；隆4）

即月三日，得大同密報，言把都兒（俺答弟昆都力哈之子青台吉）於月中
旬領三十騎來俺酋營，約搶京薊。俺酋遂率眾於二十等日，徙營威寧海之
東，調集諸部，日漸東行云云。據此，與公所遣偵探相符，則虜之東犯必
矣。聞虜中荒旱，饑疲馬弱，諸部東西相率，必不齊一，或未能深入，然
不可不爲之備。（集·答薊鎮總督譚二華言邊事　v2.P148；隆4八月）

北虜連年款塞，目前雖若安寧，然虜情叵測，戒備宜謹。
部裏亦要常差的當人員，偵探邊事虜情，從實奏報，以俟朝廷處畫。（集·
請諭戒邊臣疏　v1.p64；隆6）

昔人謂自古疆場之患，非盡由夷狄，亦多邊吏擾而致之，僕嘗以爲名言。
惟預修戰守，長存儆備，則不容頃刻少忽耳。（集·答總憲朱龍岡　v2.P345；
隆6）

薊鎮之報，竟成烏有，皆屬夷誑賞之言。但彼中任事者，利害切身，一有
所聞，輒行奏報，爲他日免罪之地，固未暇審其誠僞也。
因憶前隆慶庚午，宣大忽報西虜（俺答部）犯薊，薊人偵探者，因遂稱見
虜已西行，犯在旦夕。各路之兵，嬰牆擺守，京師亦爲之戒嚴。廟堂皇皇，
即議守城之策。是時內江方幸虜之來，以信其言。興化不能主持，舉措紛
紛，皆極可笑。而虜終無影響，防守一月見罷，費以數十萬計。頃東報沓
至，若如往日舉動，則又成一笑柄矣。（集·答薊鎮【宣府巡撫】吳環洲料
虜虛報誑賞　v2.P485；萬2）

夫兵家之要，必知彼己，審虛實，而後可以待敵，可以取勝。今無端聽一
訛傳之言，遽爾倉皇失措，至上動九重之憂，下駭四方之聽，則是彼己虛
實，茫然不知，徒借聽於傳聞耳。其與風聲鶴唳、草木皆兵者何異？似此
舉措，豈能應敵？
不以虜之不來爲喜，而深以邊臣不知虜情爲慮也。（集·論邊事疏　v1.
p183；萬3）

自今東西虜情，的有所聞，仍望密以見示。其中情變無常，亦不必定以今
日所言爲是，所聞爲的也。（集·答吳環洲論邊臣任事　v2.P533；萬3）

賊至數萬，則其患不在遼而在薊。蓋虜每入寇，亦必費本。遼左荒鹵，人畜蕭疏，群數萬之眾，駐荒陋之墟，掠野則得不償失，攻城則非其所長。況當暑雨之辰，馬疲弓解，馳騁復難。虜之入犯，求鹵獲耳。以若所為，求若所欲，雖至愚，其必不出于此矣。近來每于暑月，輒報十萬、二十萬，旬日之間，復言出境。遼之守兵不過萬，賊若至二十萬，則各處墩堡皆可踏平，彼復何畏，而斂眾以退乎？凡此不達事理之言，僕所未解也。（集·答薊遼總督　v2. P668；萬5）

九月初間，有北虜俺答部下頭目恰台吉，差人於土蠻營中偵知，土蠻欲糾眾向遼，講求貢事。臣即馳語總督梁夢龍，令其再偵的實，多方設備。（集·送起居館論邊情記事　v1. p492；萬7十月）

戰（守）虜

今議者咸謂薊人疲於工作，決不能戰（東西諸虜將分道入犯）。公誠督勵諸將，鼓率士氣，併力一決，則呶呶之口，不攻自息。其南兵三千，宜置之前行當虜，即有損失，人能諒之。若令北卒居前，而己擇利便，則憤怨愈不可解也。（集·答薊鎮總督譚二華言邊事　v2. P148；隆4八月）

聞虜欲分道入犯，則我之勢力自分。曹（家寨）、牆（子嶺）、古（北口）、石（城匣），譚（綸）公已自任之；馬（蘭峪關）、大（安口）付之戚（繼光）帥；燕河以東，願公（劉應節）當之。胡守仁南人，恐威力不足以制諸將，須公親駐邊隘，督勵將士，乃能有功。拒之不入，此為上策。即不幸而入，亦望思為可戰之具，因地合營，懸賞勵士，乘間覷擊，彼亦安能狂逞哉！薊事經營數年，視此一舉，望公留意。（集·答薊鎮撫院劉北川言分將當虜　v2. P150；隆4八月）

賊（俺答）聚而西，患在雲中（大同）、晉陽（太原）矣。既有的耗，公（王崇古）自不得不西應之。但南山一帶，尚為可慮，幸留標下一二枝，以東事託之，趙帥乃可專意西防也。近聞土虜亦未動，薊中或可無虞。即有事，薊人（譚綸、劉應節、戚繼光等）自足當之，無煩西援矣。（集·與薊遼【宣大】總督謀俺答板升之始　v2. P153；隆4）

虜警雖在遼左，然彼垂涎灤東數年矣。于鄰之震，所宜慎防山陵，不必西

赴，但保疆場無虞，即所以效忠也。（集・答薊鎮巡撫楊晴川　v2. P312；隆6秋）

界嶺之捷（山海關以西，朵顏部長昂來犯，為戚繼光所敗），誠足以伐虜謀，挫驕氣。然賊從此懷憤，必當又出於他道。當事者，未可以小勝狎視也。況又日夜圖吾戰守之備，先立於不敗以求勝，何事不可為乎！（集・答劉總督　v2. P400；萬1）

今九邊（遼東、薊州、宣府、大同、太原、延綏、寧夏、固原、甘肅等九鎮）之地，薊門為重，以其為國之堂奧也。自嘉靖庚戌（嘉靖29年，俺答由薊鎮大舉突入，圍攻北京，大掠而去）以來，虜禍日中於薊，至罷九邊之力以奉之，而內地亦且困敝。然所以釀此禍者，皆屬夷（東北地區朵顏、福餘、泰寧等三衛，臣屬明廷之韃靼族兀良哈部，服叛不定）為之也。國初棄大寧之地與之，冀其為吾藩屏，而今乃如此。故屬夷不處，則邊患無已時。然欲處之，非先加之以威，彼固未肯俯首而服從也。

今西虜（俺答等部）為貢市所羈，必不敢動。獨土蠻（土默特，韃靼族部落，住薊遼之東北部，即內蒙東部與遼寧西部地區）一枝，力弱寡援，制之為易。今擬于上谷練得戰士二萬，遼東二萬，多備火器；卻令薊人平時將內地各城堡，修令堅固。視三鎮（遼東、宣府、薊州）士氣已振，度其可用，則屬夷求賞者，一切以正理處之；凡額外求討，及捉軍邀賞者，悉正以軍法。彼不遂所欲，必結虜來犯；我則據臺以守，過之邊外，使之一騎不入。在我雖無所獲，而在彼已為失利，亦策之上也。

如其賊眾潰牆而入，則亦勿遽為倉皇。但令薊將斂各路之兵四、五萬人，屯扼要害；令諸縣邑村落，清野入保，勿與之戰；而上谷、遼左不必俟命，即各出萬人，遣驍將，從邊外將屬夷老小盡殲之；令大將領一萬人入關，不必衛京師，徑趨薊地，伏於賊所出路。彼賊雖已入內地，見我不動，必不敢散搶，不過四、五日，虜氣衰矣。衰則必遁。然後令薊人整陣以逐之，而宣、遼兩軍，合而麾擊。彼既飢疲，又各護其獲，敗不相救。而吾以三鎮全力擊其惰歸，破之必矣。一戰而勝，則薊鎮士氣既倍，土、蘇（蘇把亥部）諸酋，不敢復窺，而屬夷亦皆可脅而撫之以為我用。薊事舉，則西虜之貢市愈堅。而入援之兵，可以漸減，九邊安枕無事矣。（集・答方金湖計服三衛屬夷　v2. P489；萬2）

大抵薊鎮之勢，與他鎮不同。其論功伐，亦當有異。蓋此地原非邊鎮，切近陵寢，故在他鎮以戰爲守，此地以守爲守；在他鎮以能殺賊爲功，而此地以賊不入爲功，其勢居然也。至於調用南兵一節，實出於萬不得已。蓋因往昔議者，咸極言延、寧邊兵入衛之苦，爲之罷減四枝。薊鎮分區而守，罷一枝，則一區失守。又不可棄地與賊，於是譚總督、戚總兵乃建言：昔在浙中部曲，尚多素所練習者，可頂所罷之數。因以教練火器、整理車營，故不得已而用之。今若以爲虛費而無用，即當罷之，則宜思戍守不可缺人，或仍復入衛邊兵，或與本鎮地方抽換。不然，陵京重地，寧敢忽視之乎！（集・答閱邊郜文川言戰守功閥　v2. P616；萬4）

今全虜之禍，咸中於遼。連歲彼雖被創，我之士馬，物故亦不少矣。

今秋之事，殊爲可虞。昨已屬意本兵，於貴鎮兵食，比他鎮尤當加意。臨期若的知虜賊所嚮，當令薊人助守寧前，使公等得專備東方。如犯寧前（山海關外寧遠一帶，今遼寧興城附近），則東西夾擊，再一創之，則彼破膽而不敢東窺矣。（集・答總督【遼東巡撫】張心齋計戰守邊將　v2. P619；萬4）

公（楊兆）與薊門將帥，但一一務實，修守以爲戰備，一切浮費繁文，悉從簡革。臺上戍卒，無事不許擅離尺寸，但能拒賊不入，即爲大功，不必有所斬獲。紛紛之議，僕自爲之主持，無事疑慮。若空言無實，一旦僨事，則國法森嚴，區區亦不能終庇之。（集・答薊遼總督　v2. P668；萬5）

夫事美成在久，惡成不及改。今東虜（土蠻）于我，非有平生懇款之素也，非有那吉納降之事也，非有執叛（隆慶4年，俺答爲換回降明之孫把漢那吉，而將投靠渠族之漢人趙全等十餘人，送交明廷處置）謝過之誠也；侵盜我內地，虔劉我人民，其迫脅無理如此，堂堂天朝，何畏于彼而曲徇之乎！且西虜（俺答）以求之懇而後得之，故每自挾以爲重；今若輕許于東，則彼亦將忽而狎視之，他日且別有請乞以厚要于我，啓釁渝盟，必自此始。是威褻於東，而惠竭於西也。故在今日，宜且故難之，以深鉤其欲，而益堅西虜之心。異日者，東虜之敢大舉深入，以西虜爲之助也。今東虜有求而不獲，則西虜以我之重之也，亦挾厚賞以自重，必不從東虜矣。虜不得西虜之助，則嫌隙愈構，而其勢愈孤，而吾以全力制之，縱彼侵盜，必不能爲大患。是我一舉而樹德于西，耀威于東，計無便於此者矣。

遼人素稱忠勇，但苦兵寡耳。然欲足兵，必先足食，兵食既足，乃可言戰。

一戰而勝，則東虜之氣挫，而西虜之好益堅，此數世之利也。（集‧與張心齋計不許東虜款貢　v2. P678；萬 5）

（萬 7 九月初，偵知土蠻欲向遼）傳示遼東總兵李成梁、巡撫周咏：虜若糾大眾至，勿輕與戰。但堅壁清野，使之野無所掠，虜氣自挫。又使梁夢龍（薊遼總督）親率師東行，發勁兵兩枝，出山海關，爲遼東聲援；令薊鎮總兵戚繼光選精銳，乘間出塞，或擣其巢，或邀其歸以撓之。（集‧送起居館論邊情記事　v1. p492；萬 7 十月）

不穀料此賊（土蠻）必窺灤東（河北盧龍、撫寧一帶）。今日之事，但當以拒守爲主，賊不得入，即爲上功。薊門無事，則足下之事已畢，援遼非其所急也。賊若得入，則合諸路之兵，堅壁以待之，毋輕與戰。我兵不動，賊亦不敢開營散搶，待之數日，賊氣衰墮，然後微示利以誘之，乘其亂而擊之，庶萬全而有功。（集‧答總兵戚南塘授擊土蠻之策　v2. P952；萬 8）

御　虜

夫夷狄相攻，中國之利。

虜酋若果喪敗，胡運當從此日衰矣。但在我不可幸其敗而輕之。蓋聖王之制夷狄，惟論順逆，不論強弱。若其順也，彼勢雖弱，亦必撫之以恩；若其逆也，彼勢雖強，亦必震之以武。今後乃望皇上擴并包之量，廣覆育之仁，戒諭邊臣，益加恩義。彼既敗於西，將依中國以爲固，又恐乘其敝而圖之。若我撫之，不改初意，則彼之感德益深，永爲藩離，不敢背叛。此數十年之利也。（集‧謝召見疏　v1. p350；萬 6 六月）

昨偶因趙（岢，大同總兵）帥以李自馨（背明投靠俺答之漢人，住板升，今內蒙呼和浩特附近）手帖見寄，竊以爲自馨等來歸之意，其誠僞固未可知，但朝廷有詔招降，則又不可謾然不爲之所。故面付趙帥，使密圖之。且戒之曰：「受降如受敵，不可輕忽。」蓋正恐其輕舉妄動，而墮姦人之計也。

閫外之事，書生不敢妄談，亦不敢遙制，惟公熟計之。若果出於至誠，因其來歸而撫之，惟命；審其不誠，而閉關以謝之，亦惟命。惟求以便於國家而已。（集‧與薊遼【宣大】督撫　v2. p56；隆 3）

板升一事，望公密切圖之。

俺酋老矣，其子台吉，嘗切齒此輩，欲盡屠之。乘其危懼之時，招之易耳，此一機也。彼中荒旱饑窘，人思南歸，此又一機也。故願留意熟計之。（集·與薊遼【宣大】總督謀俺答板升之始　v2. P153；隆4）

昨有人自雲中來，言虜酋（俺答）有孫（把漢那吉）率十餘騎來降，不知的否？俺答之子現存者，獨黃台吉一人耳，其孫豈即黃台吉之子耶？彼何故率爾來降？公何不以聞？若果有此，於邊事大有關係，公宜審處之。望即密示，以信所聞。（集·與撫院【宣大總督】王鑑川訪俺答爲後來入貢之始　v2. P162；隆4十月）

此事（把漢那吉來降）關係至重，制虜之機，實在於此。往年桃松寨事，廟堂處置失宜，人笑之，至今齒冷。今日之事，又非昔比，不宜草草。頃據報，俺答臨邊索要。僕正恐彼棄而不取，則我抱空質而結怨於虜，今其來索，我之利也。公第戒勵將士堅壁清野，扼險守要以待之。使人以好語款之曰：「吾非誘汝孫來降，彼自慕吾之化，醜彼之俗故來耳。中國之法，得虜酋若子孫首者，賞萬金，爵通侯。吾非不能斷汝孫之首以請賞，但以彼慕義而來，又汝親孫也，不忍殺之，且給賜衣服飲食甚厚。汝欲得之，自當卑詞效款，或斬吾叛逆趙全等之首，盟誓於天，約以數年騎不入吾塞，乃可奏聞天朝，以禮遣歸。今乃肆其凶逆，稱兵挾取，吾豈畏汝者！今宣、大人馬，非復往年之比，汝來則來，吾有以待之。且聞汝子辛愛，怨汝之愛少妾，溺幼子，誘納吾中國叛人，疏其種類，旦夕且將殺汝。汝肘腋之患不虞，而何以汝孫爲哉！」彼聞此言，未必不動。

又聞那吉之來，皆其奶公（乳母之夫阿力哥）主之。其人必有智計，可使人密誘之，曰：「我太師（邊關將帥）知那吉之降，皆是汝意。汝誠識事體，知順逆者。今太師已奏聞朝廷，大大與汝官職，以賞汝功。但今老酋臨邊索要，願進羊、馬數千，贖取汝等，得即寸斬汝矣。我太師念汝等慕義而來，不忍利賄而殺汝，任其索取，斷不與之。然今有何計，可取老酋之首，除汝等之害者？殺得老酋，即封那吉爲王，遣兵送汝等歸故地，永爲中國藩籬，長享富貴。」渠聞此言，亦未必不動。吾得因其計而圖之，亦一策也。

那吉數人置之鎮城，宜加防範，毋令與外人相通；厚其給賜，毋使復萌歸念。續降之人，眞虜分配將士，華人各與寧家。亦不宜聚於一處，恐生他

虞。（集・答鑑川策俺答之始　v2. P163-164；隆 4 十月）

聞老酋臨邊不搶，又不明言索取其孫。此必趙全等教之。誘吾邊將而挑之
以為質，伺吾間隙而掩其所不備。願公戒勵諸將，但併堡堅守，勿輕與戰。
即彼見弱示短，亦勿乘之。多行間諜以疑其心。或遣精騎出他道，擣其巢
穴，使之野無所掠。不出十日，勢將自遁，故不必以斬獲為功也。（集・再
答王鑑川策俺答　v2. P167；隆 4 十月）

承教，謂宜乘老酋欲孫之急，因與為市。誠然，但朝廷納降和戎，須自有
體。今既與之以官，即為吾人。若謾然而納之，率然而與之，是屬挾取，
迹同兒戲，損威傷重，取輕外夷，非計之得者。（集・與王鑑川言制俺酋款
貢事　v2. P168；隆 4 十月）

小酋（那吉）定許其歸，但須少留難之。務令執送諸逆（趙全等），誓永不
犯，乃可奏聞朝廷，禮而歸之。（集・與方金湖言制俺酋款貢事　v2. P173；
隆 4 十月）

趙全諸人，背華即夷，為日久矣。彼其不預結於俺酋之左右？邊墩之人，
亦豈無為之耳目者？今我明以此要求，彼亦慨然允許，此輩豈得全不知覺？
若知之，彼亦安肯坐而待縛如雞狗乎？萬一語泄，彼得而謀，或聊以脅從
數人塞責。而朝廷明旨一出，不可復返。輕棄重質，但獲其毛賊數人，則
於國家威重，豈不大損？此可慮者一也。

俺酋之言，雖若哀懇，然猶身駐近邊，擁兵自強；平虜城外，游騎不絕，
轉餉哨探，俱屬艱難。名雖哀求，事同強挾，未見其為誠款也。今必責令
將有名逆犯，盡速先送入境，返其巢穴，掣回游騎；然後我差官，以禮遣
歸其孫。則彼之誠款既伸，我之懷柔有體。若擁兵要質，兩相交易，則夷
狄無親，事或中變。唐時吐蕃劫盟之事，取笑強胡。此其可慮者二也。

今之議者，皆以小酋為禍媒，急欲遣之，圖眼前無事耳。至於封爵、貢市
二事，皆在可否之間。若鄙意，則以為今邊防利害，不在於那吉之與不與，
而在彼求和之誠與不誠。若彼果出於至誠，假以封爵，許其貢市。我得以
間修戰守之具，興屯田之利，邊鄙不聳，穡人成功。彼若尋盟，則我示羈
縻之義；彼若背盟，則興問罪之師。勝算在我，數世之利也。但恐其孫一
歸，彼願已遂，求和之意，必乖本圖。或乞請多端，難於聽許，明年當復
來侵。雖獲趙全等數人，恐於彼無大損益。此可慮者三也。（集・與王鑑川

謀取板升制虜 v2. P176；隆 4）

今虜所急者，在於得其孫，且了此一事，待封貢事成，則其部下酋長，皆授官爵，而老酋例有蟒服之賜，向後給之，未爲晚也。旨中不重執叛，而重輸誠哀懇，蓋朝廷懷柔外夷之體。

幣布已於內庫索出，星夜賫上，到即行事，毋使虜久侯心變。小酋既去，宜厚撫之。傳與方金湖，凡那吉所用諸物，可悉與之，晏賫皆宜從厚。彼亦人也，能不懷感？他日有事，卒相遇於疆場，知軍中有王（崇古）太師，亦必避公三舍矣。

諸逆既入境，可即送闕下，獻俘正法，傳首於邊，使叛人知畏。先將那吉移駐近邊，叛人先入，那吉後行。彼若劫質，即斬那吉首示之。閉城與戰，彼曲我直，戰無不克矣。阿力哥斷不可與之。留得此人，將來大有用處，望公審圖之。（集·與王鑑川計送歸那吉事 v2. P179；隆 4）

封貢事既與虜（俺答）約，豈宜先背！奈本兵（兵部尙書郭乾）畏縮異常，庸夫尙多異議，將來若欲收功，未免復排眾論。但僕昨於處降納叛一事，心力已竭，今未知復能任此事否？時難得而易失，功難成而易壞。奈何，奈何！（集·答王鑑川 v2. P182；隆 4 十二月）

封貢事乃制虜安邊大機大略。時人以媢嫉之心，持庸眾之議，計目前之害，忘久遠之利，遂欲搖亂而阻壞之。

處降納叛，既以身任之。今日之事，敢復他諉。待大疏至，仍當極力贊成。但許貢之事，當更有一番措畫。（集·與王鑑川議堅封貢之事 v2. P183；隆 4 十二月）

今之議者，皆謂講和示弱，馬市啓釁。爲此言者，不惟不忠，蓋亦不智甚矣。夫所謂和者，謂兩敵相角，智醜力均，自度未足以勝之，故不得已而求和。如漢之和親，宋之獻納，是制和者在夷狄而不在中國。故賈誼以爲倒懸，寇公不肯主議。今則彼稱臣納款，效順乞封，制和者在中國而不在夷狄。比之漢、宋之事，萬萬不侔。獨可謂之通貢，而不可謂之講和也。至於昔年奏開馬市，官給馬價，市易胡馬。彼擁兵壓境，恃強求市。以款段駑罷，索我數倍之利。市易未終，遂行搶掠。故先帝禁不復行。今則因其入貢之便，官爲開集市場，使與邊民貿易有無。稍爲之約束，無得闌出中國財物及應禁者。其期或三日，或二日而止，如遼開原事例耳，又豈馬

市可同語乎！且此事有五利焉：虜既通貢，邏騎自稀，邊鄙不聳，穡人成功，一利也。防守有暇，可以修復屯田，蓄我士馬之力。歲無調援，可省行糧數十百萬，二利也。土蠻、吉能（俺答兄吉囊長子，居河套一帶）每借俺答以為聲勢。俺酋既服，則二虜不敢輕動，東可以制土蠻，西可以服吉能，三利也。趙全等既戮，板升眾心已離。吾因與虜約，有願還者，必勿阻之。彼既無勾引之利，而又知虜之不足恃，則數萬之眾，皆可漸次招來，豐州（今內蒙呼和浩特東北）之地，可虛矣，四利也。彼父子祖孫，情乖意阻，虜運將衰，其兆已現。老酋死，家族必分；不死，必有冒頓、呼韓之變。我得因其機而行吾之計，五利也。（集·答王鑑川計貢市利害　v2. P184；隆5二月）

封貢議起，發言盈庭，類皆以媢嫉之心，而持其庸眾之見。

昨旨乃僕所擬，其中蓋有二意：一則欲公悉心經畫，務極穩妥；一則欲公教督諸臣，比常倍加防守。今就二意之中，所當經畫者有四：互市初開，邊氓畏慮，不敢貿易。虜入不市，釁怨易生。今歲且宜官為處置，使邊氓睹利，則人人樂從，一也。鐵鍋乃虜所急者，頃部議禁不與市，將來必求索無已。今聞廣鍋毀則不可復為兵，宜稍稍出官錢市之，來歲責令如數更換，二也。虜使既不許入朝，須安置得所。鎮城之中，民物殷阜，易起戎心。昔年豪宗獻城之事，可為殷鑒。頃者流議皆起於鎮城之人。虜使一入，人人惴恐，宜嚴加防範，以杜奸萌。倘邊堡可容，無令得入鎮城，三也。馬、趙久為邊帥，趙雖喜事而近忠，可馴服也；馬故多端，素與虜通，其部下多真虜，而又有內主。封貢之議，渠最不願。聞公近日，以法繩之，頗不能堪。以其含憤蓄仇之私，而行其幸災樂禍之計，何所不至。雲中人情，公所素知。今既不能去，亦宜以計用之，毋令積恨生變，四也。

其所當修備者，亦有四要：城堡及時修併，邊境之險漸次可復，一也。募招沿邊之氓，開墾荒屯，充實行伍，鍛礪戈矛，演習火器，訓練勇敢，常若敵來，二也。趙全等妻子黨與，尚在虜中，宜於互市之時，陰察賊情，知其主名，可招則招之，不可則擒之。庶逆黨可消，後患可弭，三也。擣巢趕馬，在邊士雖借以邀功冒賞，而虜中亦頗畏之。今既禁不出塞，則虜人寡畏，而邊士袖手，無所覬幸。他日渝盟之事，不在虜而在邊人矣。此宜預處以杜釁端者，四也。（集·與王鑑川計四事四要　v2. P192-193；隆5三月）

封虜使者，本兵（兵部尚書郭乾）依違，久之不能決，竟遣一參將行。其人年少輕率，恐不能使之見虜酋。第令捧敕至幕府，另選邊吏充使可也。（集・答督撫鑑川　v2. P201；隆5初）

頃五月二十一日，已封拜虜酋俺答爲王（順義），諸小酋俱授以官職。入貢互市，次第舉行。獨西虜（陝甘一帶虜部）未靖，兩督府會議，部中遲疑。西事與宣大微有不同，所慮者，撫賞之費，無從措處。
今東事既已就緒，在西事不能獨異，幸早決大計，以便題覆。（集・答三邊總督戴晉菴　v2. P207；隆5）

謂虜酋動以封爵誇示其眾，公亦使人屈禮以歆豔之，甚善，甚善。僕嘗恐虜不慕官爵之榮，不貪中國之利，但以戎馬與吾相角於疆場，則眞無可奈何。今誠有慕於我，我因其機而制之，不過出吾什一之富，則數萬之眾，皆可折箠而使之。顧今時人皆不足以語此，反以爲狂且悖耳。（集・答薊遼【宣大】總督王鑑川　v2. P215；隆5）

西事處置略備，部中方議覆行，但未貢先市，恐非事體。（集・答郝巡撫　v2. P220；隆5）

威正恰者，不知前已授官否？渠既能制吉能，即可用此人以行吾之策。切盡黃台吉（吉能之姪），通佛經，識義理。昨在宣、大，調伏俺答、老把都（俺答之弟昆都力哈）二酋，甚有功於中華，故特賜敕賞賚。此二人者，一宜以計用之，一宜以禮處之。俟延、寧貢市事完，疏中可略敘此二人，另行量賞。若疏已發行，不及敘錄，公可自以己意陰厚之，以結其心。蓋制馭機宜，自合如此。（集・答邊鎮巡撫　v2. P226；隆5）

此酋（俺答長子黃台吉，名辛愛）貪縱寡謀，終當歸吾羈絏。觀其書詞，已非昔時之倔強。可用其機而制之，多行間諜以疑其心，時用利餌以中其欲，諒彼無能爲也。其妻家在三衛者（朵顏部通罕女），即傳與薊人，量加優恤，亦制馭之一機也。（集・答宣大【宣府】巡撫吳環洲策黃酋　v2. P236；隆5）

此酋（黃台吉）雖狠戾無親，然貪縱寡謀，翻爲易制。第無使老把都與之合勢，此孤虜無能爲也。疆場小釁或不能無，在因其機而御之，期不害吾大計耳。（集・答薊鎮【宣大】總督王鑑川言邊屯　v2. P239；隆5）

虜王求經求僧，此悔惡歸善之一機也。南北數百萬生靈之命，皆係於此。天佑中華，故使虎狼梟獍，皆知淨修善業，皈依三寶。

所求佛經，須有我聖祖御製序文者，乃可與之。公可特作一書諭虜王，嘉其善念，曲為開導。示之以三途六道之苦，誘之以人天福果之說，及念珠坐具之類，亦可稍稍裁與，俾益堅向化之心，則亦調伏凶人一大機括也。聖人之道，苟可以利濟生民，隨俗因其教可也，何必先王之禮樂法度而後為哉。（集・答宣大巡撫【總督】言虜求佛經　v2. P247；隆5）

封爵於國體本尊，且可分虜之勢，未為不可。但聞把都（老把都）病已危篤，封之而死，其子必援例襲替。而黃酋、吉能輩，皆紛紛求王矣。今且以言款之，徐觀其勢而為之處。增加撫賞所費不多，但不可聽其開報人數作為常例。此例一定，彼視為當得，與之不足為恩，減之彼即生怨。但可於經費之中，少從寬假，以每年所積客餉，動支什一以充撫賞，隨其所乞者裁酌與之，縱量給珍異亦不為過。如此，庶幾操縱之權嘗在於我，彼欲乞活，不得不仰給於我，而我亦得以制其死命矣。

大抵今日虜勢，惟當外示羈縻，內修戰守，使虜為我制，不可受制於虜。（集・答宣大【宣府】巡撫計處黃把二虜　v2. P263；隆6）

把酋死，上谷以東，可以安枕。黃酋（黃台吉）孤虜，勢將益弱。近報吉能亦於三月三日病故。俺答東哭其弟，西傷其子【姪】，志氣蕭索，恐亦不久。天將亡胡，於此可見矣，但在處之以恩信。其子但堪負荷，即令控告（赴告）俺答，奏請襲職，管束其部落，不必擇賢。撫賞之典，亦如其父，不可有減。頭目中有少知禮義，能用其眾者，亦宜陰厚之，使之歸心中國。則盟好永堅，邊塵息警矣。

僕料黃酋必思東併，今當扶植青把都（老把都之子青台吉），使之力抗黃酋。黃酋若有東併之志，只可責之以大義，亦不必力禁之。待其兩敝而歸命於我。俺酋老矣，必不能東略，此皆中國之利，但在智者審圖之耳。（集・答總督王鑑川計處黃酋　v2. P281；隆6）

虜酋之死，可喜也，亦可慮也。喜者卜胡運之將衰，慮者恐諸部之無主。今歲貢市愆期，是其明驗。（集・與王鑑川計虜情　v2. P286；隆6夏）

吉酋（吉能）既歿，其子得如三衛例，襲替請貢。但鄙意謂宜令順義為之代請。蓋昔之乞封貢馬，皆出俺答意。今以此委之，

則西部有所約束，而中國之體益尊。（集・答三邊總督戴晉菴　v2. P295；隆6）

細察虜情，昆婦（老把都之妻）貢市，似無來期。永紹（永邵卜）雖為所牽，然貪漢財物，可招而至。然皆無足為輕重，第常以不貢責之，時出小利一誘之，毋令東合土蠻，為薊鎮害耳。（集・答薊鎮【宣府】巡撫吳環洲 v2. P315；隆6）

板升諸逆悉除，固為可喜。但公此時只宜付之不知，不必通意老酋（俺答），恐獻以為功，又費一番濫賞。且使反側者，益堅事虜之心矣。此輩正宜置之虜中，他日有用他處，不必招之來歸，歸亦無用。第時傳諭：以銷兵務農，為中國藩蔽，勿生歹心。若有歹心，即傳與順義，縛汝獻功矣。然對虜使，卻又云：此輩背叛中華，我已置之度外，只著他耕田種穀，以供虜食。有犯法生歹心，任汝殺之，不必來告，以示無足輕重之意。此中大有計策，公宜默喻之，不可令那吉知也。（集・答薊遼【宣大】總督方金湖計處板升逆種　v2. P469；萬2）

開市（西涼）一節，望公熟計而審處之。竊以為此地見與番人為市，何獨不可與虜為市？前任廖（逢節）君執泥而不達於事變，其言不可為市，不過推事避患耳，非能為國家忠慮者也。但彼既有不遜之言，在此時未可便許。且俟俺酋戒諭之後，果帖服無言，待其再乞，然後裁許。則綏懷之恩，出於朝廷，而非由於要索矣。（集・答甘肅巡撫侯掖川　v2. P496；萬2）

順義饋馬，效順彌堅，真朝廷之福也。書中言守邊五年，欲乞賞賚，似亦可從，俟其貢市畢，可為一請。（集・答薊鎮總督方金湖　v2. P552；萬3）

聞那吉、恰台吉（俺答姪孫）俱親至邊，此來想彼亦有意，宜厚遇之。俺酋老矣，黃酋窮蹙無賴，虜中之勢在此兩人，須常與之氣脈相通乃可。大約虜情，只要渙之，無令得合而已。（集・答薊遼【宣大】總督方金湖　v2. P608；萬3）

叛人背華向夷，法當顯戮，以絕禍本。
蓋今之虜情，與昔不同。昔未臣服，故可用計處。今既為一家，凡事又當待之以信，論之以禮。向者款貢，曾與之約云：除板升徒眾既多，在虜已久，許令照舊耕牧外，自納貢以後，我不受彼之降虜，彼勿納我之叛人。

今彼納叛，非約也。宜令曉事通役，明言索取之，云往年所與王約誓者云何。

大抵虜情不能保其無變，今中國之人，親父子兄弟相約也，猶不能保其不負，況夷狄乎？在我兢兢自治，常若待敵，小小變動，勿遂驚惶勞攘。但當耐煩處之，隨機應變，期令無大失而已。若欲事事完全，人人守法，則是以中國之所不能者，而責之夷狄也，有是理哉？（集·答山西崔巡撫計納叛招降之策　v2. P620；萬4）

近聞虜酋（俺答）與察罕搆隙日深，此正吾用奇之日，使之禍結而不可解，則薊、遼之間可以安枕，而西鎮（宣府、大同）之貢市愈堅矣。（集·答方金湖　v2. P638；萬4十一月）

夫疆場之間，小小破綻，未能全無，要之於大計未損。若遇有事，即行處置一番，於大計反為無益。

薊門三衛（扶餘、泰寧、朵顏），服屬二百餘年矣，捉人挾賞，猶不能一一盡詰，乃可責之驕悍新附之虜乎？要在當事者，隨宜處置，譬之於犬，搖尾則投之以骨，狂吠則擊之以箠。既箠而復服則復投之，投而復吠則復擊之，而可與之較曲直論法守乎？（集·答吳環洲　v2. P641；萬4）

套虜（據河套之韃靼部）與雲中、上谷微為有間。款貢之議，始於順義，故事每優假。套虜初求貢甚急，我固未之許也。後以順義為之懇乞，黽勉從之。然一切約束賜與，皆與順義不同，而彼亦不敢厚望。蓋方以得請為幸，而無復橫覬于望外耳。乃至順義西行，見我厚撫而優遇之，豔于求索之利，遂蒙覬望之心。昨延鎮即欲比例，求陞官加賞。其意望漸賒，端不可開也。夫套虜之求貢，不獨利賞賚、關市也。方其未貢時，延（延綏鎮）、寧（寧夏鎮）之間搗巢趕馬，無歲無之。彼牧畜不得蕃息，老弱不得安養。又北備瓦剌，南防中國，其苦甚矣。自款貢以來，內無搗巢之患，外有關市之利，得以其餘力從事于瓦剌。則貢市事利于彼乎？利于我乎？即使請求不獲，亦不敢釋重利而結怨于我。況其精兵健馬，消耗過半。東借助于順義不獲，西修怨于瓦剌不能，其衰弱無能為之狀亦見矣。故在今日，西鎮（陝西三邊各鎮）諸公惟當堅持初約，稍事羈縻，而厲兵秣馬以待其變，不宜曲徇其額外之請以自敝也。（集·答三邊總督　v2. P950；萬8）

馬王大【滿五大】二酋橫索事（向明廷強索封貢）。

中言「自甘罰處」云云，此不服順義、青酋鈐束也。然青酋乃一枝之長，順義又諸部之長。青酋則兄弟，順義親則叔也，尊則王也，可不受命乎？朝廷馭下，以大制小，以尊臨卑。若與其卑小者交關行事，則尊大者無權，不能領眾，天下日益多事，而朝廷體統亦甚褻矣。華、夷一體，寧可亂乎？（集・答總督【巡撫】張崌崍計虜酋鈐束其支屬　v2. P1028；萬9春）

虜王（俺答）病篤，今番恐不能起矣。

老酋死，那吉弱，不能拊其眾，加以荒旱，諸夷思亂，虜中自此多事矣。此虜（那吉）初降，吾撫之甚厚，今當急收之，使與哈酋同心協力，以為外藩。一應貢市事宜，悉如老酋在時行。黃酋（黃台吉）病不死，必且謀張為患，公宜乘時屬兵秣馬，厚撫戰士，為自固之計。（集・答三邊【宣大】總督鄭範溪　v2. P1083；萬10初）

今日之事（俺答死），惟當鎮靜處之，隨機應之，勿過為張皇，輕意舉動，致令眾情惶惑，興起事端也。

虜中無主，方畏我之閉關拒絕，而敢有他變？但爭王、爭印，必有一番擾亂。在我惟當沉機處靜，以俟其自定。有來控者，悉撫以好語，使人人皆以孟嘗君為親己。然後視其勝者，因而與之。不宜強為主持，致滋仇怨也。（集・答大同巡撫賈春宇計俺酋死言邊事　v2. P1086；萬10春）

襲王之事，大都屬之黃酋。但須將今年貢市事，早早料理，以見表誠悃，而後可為之請封。諺云：「若將容易得，便作等閒看。」務令大柄在我，使之覬望懇切，而後得之，乃可經久。然虜情多變，亦難預設。聞近日恰酋（恰台吉）與虜婦（俺答之妻三娘子）及諸酋議論不合，頗為失歡。若果有此，且任其參差變態，乃可施吾操縱之術也。順義恤典，屬部議覆，仍當於旨中從厚，以示天恩。（集・答三邊【宣大】總督鄭範溪計順義襲封事　v2. P1093；萬10上半年）

土酋（土蠻）求貢，諒無詐偽。彼蓋豔於西虜貢市之利，乘俺酋死，故申前請耳。但遼左地形、事勢、錢糧、虜情，俱與宣、大不同。且俺酋自嘉靖中季，連年求貢，彼時廟謨靡定，迄未之許。至隆慶間，會有那吉來降之事，而彼又執我叛人，遵我約束，因而許之。彼既愜其素志，又啗吾厚利，故奉令惟謹。今以土酋之事揆之，其情異矣。遽邇許之，和必不久，徒弛我邊備。俟一二年後，觀其事機何如，乃可處之。（集・答遼東巡撫周

樂軒　v2. P1097；萬 10 上半年）

平　亂

滅賊固難，善後尤難。蓋廣之劻勷，非一日矣。數年以來，憂在曾賊（隆 1 吳平部將曾一本在粵海反明）耳，未遑他圖也。今鯨鯢雖已就戮，而姦民反側者，尚懷觀望；山寇陸梁者，伺我疲勞。海防久廢，法紀未張；吏不恤民，驅而為盜。此皆釀禍之根，未可遂謂寧帖也。

為今之計，似宜乘戰勝之餘威，藉兵餉之少裕，急將海防事宜，嚴加整飭。如林道乾輩，既為良民，便當遵吾約束，渙其群黨，釐其宿弊。如懷疑貳，即可名之為賊，因而除之。仍當於沿海一帶，分區設寨，修飭兵船，嚴申海禁。又廣中原題，設六水寨，今宜選諳習舟師，分任責成。至於山寇，乃坐守虜耳。勝兵往加，勢如破竹，亦宜殲其渠魁後，乃可議招撫。區畫已定，然後簡汰有司，一意拊輯。所謂乘威之後以行惠，則惠尊而民悅，此數世之利。若狃於一勝，遂謂無事，而姑息以求安。竊恐亂本不除，餘毒再作，終當復勞尊慮耳。（集‧答兩廣總督熊近湖論廣寇　v2.p98；隆 3）

人心不古，好生異議。以其媢嫉之心，而持其庸眾之見，惟欲偏徇己私，不顧國家便否。即如昨年虜孫之降，舉朝駭懼，以為不可納。僕曰：「納之而索吾叛人，可盡得也。」貴州之事，撫臣請兵請餉，眾皆曰：「可許。」僕曰：「此其叔姪間爭殺耳，不足以煩朝廷。」古田密邇省會，蕞爾小醜，敢戮天子之命吏，不容不討。眾皆曰：「劇賊據險，兵力所不能加，即欲除之，非集數省之兵，費五六十萬不可。」僕曰：「不然，吾知殷公必能辦此，諸君但觀其破之。」此三策者，皆大違群議，而僕獨以身任其事，主上用僕之策，幸而時中矣。乃異議者，猶欲搜求破綻，阻毀成功，以快私指。（集‧答兩廣殷石汀論平古田事　v2. P203；隆 5）

廣事披猖已久，一旦乘其後，遂欲責效，雖管、葛猶難。
治亂國，用重典。廣固亂國也，其勢非用兵威以震蕩之，姦宄不畏，良民無依。所慮者，費用不給，將帥乏才。（集‧答兩廣殷石汀計剿廣寇　v2. P253；隆 6）

許瑞（粵中盜首之一）若果傾心效用，則以賊攻賊，策之最妙者。（集‧答兩廣殷石汀 v2. P269；隆 6）

兩江寇盜，爲患久矣。

但炎荒瘴癘之區，屯數萬之眾，役不宜淹久，貴在臨機速斷，沈謀邃發，先併力以破其一巢，則餘賊自然破膽，次第可平。若以三萬之餉，與之相持於嶔岑之間，使賊跮伏溪洞，以逸待勞，非計之得者也。（集‧答兩廣郭華溪計剿廣寇　v2. P290；隆6）

懷遠之事（廣西三江一帶，瑤人亂事），雖有司不善撫御有以激之。然至於戕天子之命使，則亦王法所必誅也。且新復諸邑，將視此以爲向背，決當討之。聞兩江已進兵，冬盡可得奏凱。知乘戰勝之威，還師以襲之，固易易耳。但不可預露此機，恐聞風鼠竄，難以蒐獲，姑聲言撫之，乃可成也。（集‧與郭總憲 v2. P333；隆6）

懷遠之兵，既未得天時地利之便，暫宜解歸，以俟大舉。

事之未形，一夫制之有餘；禍端已構，數萬人取之不克。至兵連禍結，師老財費，使朝廷廑南顧之憂，疆場有不討之賊。彼激亂啓釁者死，何足恤哉！以是知天下之事，惟知幾識微者可以圖成，而輕躁鋒銳者適足以僨事階亂而已。（集‧答巡撫郭華溪　v2. P377；萬1）

凌霄（四川敍州境，都掌蠻根據地之一）既破，我師據險，此天亡小醜之時也。宜乘破竹之勢，早收盪定之功。計蠻眾不過數千，我師當數倍之，無不克者。今可徵兵積餉，爲坐困之形，而募死士，從間道以擣其虛。

若不奮死出奇，欲以歲月取勝，此自困之計。兵聞拙速，未聞巧之久也。（集‧與蜀撫曾確菴計剿都蠻　v2. P406；萬1）

向者奉書言懷遠云云。

念既怙終稔惡，又天討之所必加，今已數月，未聞捷報，日夕懸懸，且古田餘孽（僮族韋銀豹餘部），亦將視此以爲向背。南夷頑梗，德義所不能化，唯懾於威強耳。公其審圖之。（集‧與廣東督撫 v2. P423；萬1）

諸良寶（潮州境反明頭領）必死之寇，而各官乃易視之，其敗固宜。一撮許殘賊不能克，則諸山海逃伏之盜，必將乘勢再起，將來廣事，不可便謂無虞。大抵南賊譬之蔓草，劃盡還生。從古以來經略南方者，皆未能以一舉而收盪平之功，其勢然也。今當申嚴將令，調益生兵，大事芟除，見賊即殺，勿復問其向背。諸文武將吏有不用命者，宜照敕書，悉以軍法從事，

斬首以徇。了此，則諸不逞之人，皆破膽而不敢旁睨矣。不惜一朝之費，而貽永世之安。（集·與殷石汀經略廣賊　v2. P435；萬 1）

兵機在呼吸之間，便有變態，安可預度？然大率盜賊姦宄，惟當攝吾之威，罕能懷吾之德。如機有可乘，一鼓而殲之，雖被虜坐鎮之人，亦不足惜也。（集·答殷石汀　v2. P443；萬 1）

眾蠻（都掌蠻）殘孽，當其降服之初，乘吾兵威，分北而散遣之，為力甚易。今已一年餘矣，彼既戀其故土，又曾許以撫懷，乃一旦欲別處之，禍萌當自此生矣。仍宜懷之以恩義，久任劉顯以彈壓之。數年之後，人情定帖，畏威懷惠，皆吾赤子矣。（集·答蜀撫曾確菴計都蠻善後事　v2. P505；萬 2）

廣右（東）今已大定，聞西省（廣西）自府江平復，道路開通，客旅無阻。梧州之鹽，方舟而下，南交通貢，貿遷有無，桂林遂為樂土，此誰之功歟？蓋粵人今日始知公之不可一日去也。（集·答兩廣總督殷石汀 v2. P518；萬 3）

沙麻之事（洮州民變兵挫），雖由於二將（河州參將陳堂、洮州參將劉世英）不和，軍心不一，然自古未有千里襲人，越險無繼而能成功者。（集·答陝西督撫【總督】石毅菴　v2. P535；萬 3）

大抵西之番族，廣之猺、獞，事體略同。狐鼠貙豽，潛伏岰林，穴居險阻，非可以力勝者也。制馭之法，惟當選任謀勇將士，修險阻，明烽燧，責成近邊熟番，遠為哨備，厚其賞給，約束沿邊軍人，無容句引番人，交易圖利。有警務先覺預備，奮勇追逐，必令挫折。則熟番皆畏威懷德，而生番自不敢犯。

目今天暑，草木蒙密，道路崎嶇，恐難進兵。總兵人馬，亦不須西駐，枉費糧餉。且只守險設伏，以待不虞。責成熟番，發其陰私，誘以厚賞，為我哨守。待秋多水凍林疏，然後相機進取，或明出以示兵威，或掩襲以攻不備。必有奇道，乃可制勝。但一創之，以洩邊人之憤，足矣。固不能草薙而獸芟之矣。（集·答三邊總督論番情　v2. P536；萬 3）

閩中撫（劉堯誨）按（商為正）有書至，甚以廣議招撫為非。此固一隅之論，然亦宜審觀賊勢何如？據前所報，鳳賊似未必在其中。若果係殘黨，

入境又未肆殺掠，則招而分北之，事理當然，不爲失策；若賊首尙在，敢行侵掠，則宜與閩師夾剿之。今不揣賊情強弱、嚮背，而執言撫剿，皆偏見也。（集‧答兩廣淩洋山　v2. P568；萬 3）

寧州（屬南昌府）之賊，從來已久。事關兩省，宜約會夾剿之，庶可收功。（集‧答潘巡撫　v2. P634；萬 4）

僕以爲制馭土夷之道，惟在謹修內治，廉察邊吏，毋令貪吏需索，結怨起釁；禁戢四方姦徒，毋令教唆播弄，致生嫌隙。鎮之以威，示之以信，毋以小術欺誘之。但令遵奉約束，不廢貢職而已。此外不必過求，其中或有爭忿相訟者，兩是而俱存之。概行會勘，亦毋輕爲奏請。待其彼此相戕，勝負已決。吾視其理直而爲眾所服者，因而撫之；理曲而爲眾所不悅者，因而除之，即疆場定矣，何致紛紛勞民動眾，敝內以事外乎？南北夷虜之勢不同，其處之之道亦異。（集‧答雲南巡撫何萊山論夷情　v2. P643；萬 4）

羅旁（廣東羅定縣一帶）之役，聞已獲功萬餘。
宜乘此勢，多方招徠，開其生路，隨宜處置，務絕後患，則一勞永逸之策也。事定後，稍用狼兵，更番屯守，諸善後事宜，次第以聞。（集‧答兩廣淩洋山　v2. P647；萬 5）

浙、福之兵，皆浮募無籍之徒，利于征剿，憚于防守。征剿則有鹵獲之利，功成有陞賞之榮。而賊眾又弱而易攻，非南倭、北虜以血戰而得之者，故官兵無不樂于用兵。賊平之後，株守窮荒，升斗之粟不足以糊口，一有失事，罪且不測。故防守之兵，無不利于人之爲盜。甚者，身自爲賊矣。鳥盡弓藏，兔死犬饑。故諸將士多張大賊勢者，亦未可盡以爲然也。此軍情之大較也。夫天下未有一舉百當，絕無後艱者。譬如芟草，銍鉏既過，根芽再萌，惟旋生旋除之耳。嘉、隆之間，廣中處處皆盜，議者謂嶺表非我版圖矣。不穀違眾而用殷司徒、淩司馬，數年之間，稍覺寧定。然二公承大亂之後，關除草萊，開通徑路，急在除賊救民而已。其中寧無有缺而不備、粗而不精者。今日正賴補苴塞漏，以終其功爾。（集‧答兩廣劉凝齋言賊情軍情民情　v2. P835；萬 7）

民國一○一年九月二○日
基隆八斗子　郭敬仁選輯

【備註】

1、本藎言錄及校注內容，採據張舜徽主編之《張居正集》（湖北：湖北人
　　民出版社 1994 年 9 月　第一版）。

2、符號【】表更校；符號（）表說明。

3、「集」係《張居正集》之簡稱。

4、「隆 3」係「隆慶三年」、「萬 1」係「萬曆元年」之簡稱，餘同。